高职高专教材

审计基础与实务项目化实训

主编　黄子明

实训学生姓名：　　　　　　学号：　　　　　　班级：

指导老师：

学年第　　　学期

经济科学出版社

图书在版编目（CIP）数据

审计基础与实务项目化实训/黄子明主编.—北京：
经济科学出版社，2013.5
ISBN 978-7-5141-3402-5

Ⅰ.①审… Ⅱ.①黄… Ⅲ.①审计学-高等职业教育-
习题集 Ⅳ.①F239.0

中国版本图书馆 CIP 数据核字（2013）第 095877 号

责任编辑：计 梅 张 萌
责任校对：徐领柱
责任印制：王世伟

审计基础与实务项目化实训
主编 黄子明
经济科学出版社出版、发行 新华书店经销
社址：北京市海淀区阜成路甲 28 号 邮编：100142
总编部电话：010-88191217 发行部电话：010-88191104
网址：www.esp.com.cn
电子邮件：esp@esp.com.cn
天猫网店：经济科学出版社旗舰店
网址：http://jjkxcbs.tmall.com
保定市时代印刷厂印装
787×1092 16 开 10.75 印张 240000 字
2013 年 5 月第 1 版 2013 年 5 月第 1 次印刷
ISBN 978-7-5141-3402-5 定价：26.00 元
（图书出现印装问题，本社负责调换。电话：010-88191502）
（版权所有 翻印必究）

前　言

《审计基础与实务项目化实训》是《审计基础与实务项目化教程》的配套辅助教材。审计基础与实务实践教学是该课程教学内容的重要组成部分，是对理论教学知识的实践，是学生锻炼操作技能、提高技术水平的重要途径。

一、本实训教材主要内容

本书以注册会计师财务报表审计为主线，内容分为三个部分。第一部分是审计基础与实务项目化实训，以对广州天马服装公司财务报表审计为贯穿项目，分为审计基础、资产审计、负债审计、损益审计、业务完成阶段的审计工作等五个实训项目，到最后出具审计报告。每个项目下又设置若干子项目。每个实训子项目中都有明确的目标、技能实训内容、实训要求和操作指导，并配有相关的审计工作底稿，以方便学生完成各个实训操作任务。本书将对各报表项目的单项审计实训与财务报表审计综合实训有机地融合在一起，提高了实训项目的连贯性和完整性。第二部分是运用职业判断分析审计案例，通过对货币资金审计、应收账款审计、存货审计、应付账款审计、营业收入审计、营业成本审计、期间费用审计、营业外收支审计方面的审计案例进行分析，训练学生的审计职业判断能力。第三部分为附录，附录了部分中国注册会计师执业准则、中国注册会计师职业道德守则，为学生学习审计基础理论和完成实训操作提供相关的知识参考。本实训教材训练内容具有针对性、实用性、易操作性的特点。

二、实践教学的组织

1. 本实训教材结合《审计基础与实务项目化教程》每个项目（任务）的教学内容，让学生进行能力训练，边教边学边做，教、学、做一体化。

2. 根据审计工作的实际要求和组织形式，学生组成模拟审计组。每个审计组由4名左右的同学组成，并确定审计组长，以培养团队协助工作的能力。教师在必要时应给予学生一定的指导和操作提示。

3. 学生应按实训的工作步骤和实训内容及要求完成实训任务，达到实训的目的；并按时上交实训的结果（审计工作底稿等），每个实训项目（子项目）完成后，学生必须撰写实训报告，总结实训心得和体会，提出实训中存在的问题。指导教师对学生完成的实训资料和实训报告，给予客观公正的评价，给出实训成绩。

本教材主编：黄子明；参编：廖星辉、谭南燕、吴双发、谭吉芳。其中廖星辉提供了会计师事务所审计工作流程并撰写了部分审计工作底稿编制案例。谭南燕撰写了部分审计工作底稿编制案例并对实质性程序的实务操作部分进行了审核修改。谭吉芳编写了第二部分《运用职业判断分析审计案例》中损益类项目审计案例；吴双发编写了第二部分《运用职业判断分析审计案例》负债类项目的审计案例；其余部分均由黄子明编写，最后由黄子明总纂成书。本教材在编写过程中，参考了一些相关的教材和资料，得到了有关单位和专家的指导和帮助。在此，衷心感谢东莞华必信会计师事务所、恒信弘正会计师事务所郴州分所、东莞华必信会计师事务所孙坚总经理的指导和帮助！由于时间和水平有限，本教材难免有疏漏及不妥之处，恳请使用者提出宝贵意见。

编 者

2013 年 4 月

目 录

实训项目 1　审计基础 ·· 1
　1.1　审计职业认知与审计职业规范 ··· 1
　1.2　审计重要性与审计风险 ··· 5
　1.3　财务报表审计工作程序与初步业务活动 ··· 9
　1.4　审计证据 ··· 21
　1.5　审计工作底稿 ··· 24

实训项目 2　资产审计 ·· 28
　2.1　货币资金审计 ··· 28
　2.2　应收账款的审计 ·· 40
　2.3　存货的审计 ·· 54
　2.4　预付账款的审计 ·· 63
　2.5　其他应收款的审计 ··· 66

实训项目 3　负债审计 ·· 69
　3.1　应付账款的审计 ·· 69
　3.2　预收账款的审计 ·· 75
　3.3　其他应付款的审计 ··· 77

实训项目 4　损益审计 ·· 82
　4.1　营业收入的审计 ·· 82
　4.2　营业成本的审计 ·· 87
　4.3　期间费用的审计 ·· 89
　4.4　营业外收支的审计 ··· 94

实训项目 5　业务完成阶段的审计工作 ··· 97
　5.1　汇总审计差异、编制试算平衡表 ·· 97
　5.2　出具审计报告 ·· 111

实训项目 6　运用职业判断审计案例分析 ·· 112

附录一　中国注册会计师执业准则（选录） ·· 128
附录二　中国注册会计师职业道德守则（选录） ·· 156

实训项目 1　审计基础

1.1　审计职业认知与审计职业规范

<u>实训评分</u>

实训目的： 能认知审计职业并根据项目任务的需要查阅与审计职业相关的资料。能明确审计职业规范的构成并进行是否违反审计职业道德基本原则的测试和评价。

实训要求： 完成实训的思考讨论题、简答题、判断题。

实训步骤： 1. 对思考讨论题独立思考、小组讨论、老师抽查提问；
　　　　　　2. 对简答题、判断题独立思考，小组讨论；按要求在卷面完成。

实训内容： 1. 审计职业的认知。
　　　　　　2. 对注册会计师执业准则体系的构成。
　　　　　　3. 审计职业道德守则的基本原则；是否违反审计职业道德基本原则的测试和评价。

实训时间：　　　　　　　　　　　　　　　　　　**实训地点：**

一、思考讨论题（学生思考、小组讨论、老师抽查提问）

1. 审计的性质是什么？什么是审计的主体、客体？
2. 简述注册会计师审计的起源和注册会计师职业诞生的标志。
3. 审计的职能作用是什么？其中审计的基本职能是什么？
4. 简述审计的特征。其中什么是审计的本质特征？
5. 我国审计组织体系的构成？简述政府审计、内部审计、民间审计的联系和区别。
6. 注册会计师业务范围有哪些方面？注册会计师审计的主要特征是什么？

二、查阅资料（学生课后查阅，小组检查）

请查找并阅读国际"四大"会计师事务所的相关信息。了解安达信破产的原因。

三、谈谈你对如何学好《审计实务》这门课程的认识（学生笔答）

四、思考、讨论题（独立思考、小组讨论、老师抽查提问）

1. 理解注册会计师审计准则在注册会计师执业准则体系中的地位和主要作用。
2. 什么是职业道德概念框架？
3. 注册会计师在识别对职业道德基本原则的不利影响，评价不利影响的严重程度时，如果认为对职业道德基本原则的不利影响超出可接受的水平，注册会计师应当怎么去做？
4. 独立性原则是指注册会计师执行鉴证业务时应当保持实质上的独立和形式上的独立，不得因任何利害关系影响其客观、公正的立场。独立性是注册会计师执行鉴证业务的灵魂。什么是实质上的独立？什么是形式上的独立？
5. 什么是注册会计师审计的法律责任？注册会计师可承担的法律责任哪些？
6. 简述会计责任与审计责任的区别。
7. 简述注册会计师法律责任的成因。
8. 简述注册会计师减少过失，避免法律诉讼的措施。
9. 安达信会计师事务所倒闭的原因是什么？这个案例给了我们什么样的启示？

五、简答题

1. 注册会计师职业道德基本原则有哪些方面？

2. 可能对遵循职业道德基本原则产生不利影响的因素有哪些？

六、判断题

要求：根据《中国注册会计师职业道德守则》关于可能对遵循职业道德基本原则产生不利影响的因素，分别判断下述情形是否对会计师事务所注册会计师遵循职业道德基本原则产生不利影响，并简要说明理由。

案例：C公司系ABC会计师事务所的常年审计客户。2011年11月，ABC会计师事务所与A公司续签了审计业务约定书，审计A公司2011年度财务报表。该事务所指派A和B注册会计师为该审计项目小组成员。

1. 在签订业务约定书后，ABC会计师事务所的D注册会计师受聘担任V公司独立董事。

判断	
理由	

2. A注册会计师持有C公司的股票30 000股，市值约300 000元。

判断	
理由	

3. B注册会计师的妹妹在C公司财务部从事会计核算工作，但非财务部负责人。B注册会计师未予回避。

判断	
理由	

4. C公司由于财务人员短缺，2011年向ABC会计师事务所借用一名注册会计师，由该注册会计师将经会计主管审核的记账凭证录入计算机信息系统。ABC计师事务所未将该注册会计师包括在C公司2011年度财务报表审计项目小组。

判断	
理由	

5. 由于计算机专家李先生曾在C公司信息部工作，且参与计算机信息系统的设计，ABC会计师事务所特聘请李先生协助测试C公司的计算信息系统。

判断	
理由	

6. ABC 会计师事务所将其简介委托 C 公司向其客户赠送本事务所简介。该简介内容真实。

判断	
理由	

7. ABC 会计师事务所针对审计过程中发现的问题，向 C 公司提出政策选用和会计处理调整的建议，并协助其解决相关账户调整问题。

判断	
理由	

8. C 注册会计师已连续 5 年担任 C 公司年度财务报表审计的签字注册会计师。根据有关规定，在审计 C 公司 2011 年度财务报表时，ABC 会计师事务所决定不再由甲注册会计师担任签字注册会计师。但在成立对 C 公司 2011 年度财务报表审计项目组时，ABC 会计师事务所要求其继续担任项目负责人。

判断	
理由	

9. 由于 C 公司降低 2011 年度财务报表审计费用近 1/3，导致 ABC 会计师事务所审计收入不能弥补审计成本，ABC 会计师事务所决定不再对 C 公司下属的两个重要的销售分公司进行审计。

判断	
理由	

10. A 注册会计师曾在该公司任职，并担任该公司的高级会计顾问，2011 年进入 ABC 会计师事务所，ABC 事务所认为 A 注册会计师和审计单位的高层管理人员非常亲密，容易沟通，因此委派 A 注册会计师担任主审注册会计师。

判断	
理由	

1.2 审计重要性与审计风险

实训评分

实训目的： 能形成风险导向审计理念，运用审计重要性概念，确定重要性水平。
实训要求： 完成实训的思考讨论题、简答题、判断题、计算题。
实训步骤： 1. 对思考讨论题独立思考、小组讨论、老师抽查提问。
     2. 对简答题、判断题独立思考，小组讨论；按要求在卷面完成。
     3. 计算重要性水平。
实训内容： 1. 审计重要性。
     2. 审计风险的概念、评估和应对。
     3. 审计重要性与审计风险关系的运用。
     4. 审计重要性水平的计算。

实训时间：　　　　　　　　　　　　　　　　　**实训地点：**

一、思考讨论题（学生思考、小组讨论、老师抽查提问）

1. 什么是风险导向审计？实行风险导向审计的要求是什么？
2. 什么是审计重要性？对重要性的判断取决于哪两个方面的因素？
3. 重要性的概念是从财务报表编制者的角度而言，对吗？为什么？
4. 什么是重大错报？
5. 在审计工作中，注册会计师在确定重要性水平时，应当考虑哪两个层次的重要性水平？
6. 什么是审计风险？审计风险的模型是什么？
7. 什么是重大错报风险？
8. 什么是检查风险？为什么存在检查风险？怎样控制检查风险？
9. 什么是风险评估程序？实施风险评估程序包括哪些具体程序？
10. 简述审计风险与审计重要性的关系。
11. 针对评估的重大错报风险，应采取哪些应对措施？

二、判断题

关于审计风险取决于重大错报风险和检查风险，下列的说法正确吗？为什么？

1. 注册会计师应当合理设计审计程序的性质、时间和范围，并有效执行审计程序，以消除检查风险。

判断	
理由	

2. 在既定的审计风险水平下，注册会计师应当实施审计程序，将重大错报风险降至可以接受的水平。

判断	
理由	

3. 注册会计师应当获得认定层次充分、适当的审计证据，以便在完成审计工作时，能以可以接受的低风险对财务报表整体发表意见。

判断	
理由	

4. 注册会计师应当合理设计审计程序的性质、时间和范围，并有效执行审计程序，以控制重大错报风险。

判断	
理由	

5. 注册会计师应当合理设计审计程序的性质、时间和范围，并有效执行审计程序，以控制检查风险。

判断	
理由	

6. 注册会计师应了解被审计单位及其环境，实施风险评估程序，正确评估重大错报风险。

判断	
理由	

7. 风险评估程序可以为形成审计意见提供充分、适当的审计证据。

判断	
理由	

三、简答题

简述重要性与审计风险之间存在反向关系。如果有人认为审计人员应当谨慎执业,因此应当低估重要性水平而不能高估重要性水平,你赞同吗?为什么?

四、计算题

确定会计报表层次重要性水平的计算：

资料：假若 A 和 B 注册会计师对亚东股份有限公司 2012 年度会计报表进行审计，其未经审计的有关报表项目如下表：

单位：万元

会计报表项目名称	金额
资产总计	360 000
股东权益总计	176 000
主营业务收入	480 000
净利润	48 240

要求：如果以资产、净资产（股东权益总计）、主营业务收入、净利润为判断基础，选用的判断比率分别为 0.5%，1%，0.5%，5%，请代 A 和 B 注册会计师确定亚东股份有限公司 2011 年度会计报表层次的重要性水平。

1.3　财务报表审计工作程序与初步业务活动

> 实训评分

实训目的： 能理解财务报表审计的工作程序。能实施初步业务活动，签订审计业务约定书。
实训要求： 完成实训的思考讨论题。完成初步业务活动工作底稿，签订审计业务约定书。
实训步骤： 1. 对思考讨论题独立思考、小组讨论、老师抽查提问。
　　　　　　2. 实施初步业务活动，编制工作底稿。
　　　　　　3. 签订审计业务约定书。
实训内容： 1. 财务报表审计工作程序的思考和讨论。
　　　　　　2. 广州天正会计师事务所对广州天马服装有限公司2010年度财务报表审计委托的初步业务活动。
实训时间：　　　　　　　　　　　　　　　　　　**实训地点：**

一、思考讨论题（学生思考、小组讨论、老师抽查提问）

1. 财务报表审计的目标是什么？
2. 简述财务报表审计的要求。
3. 财务报表审计的工作程序一般分为哪三个阶段？
4. 什么是风险评估程序？风险评估程序应当包括哪些具体程序？
5. 什么是控制测试？当存在哪些情形时，注册会计师应当设计和实施控制测试？
6. 实施控制测试程序，可按企业业务循环流程进行内部控制测试。一般来说，企业的业务循环可分为哪几个方面？
7. 什么是实质性程序？实质性程序包括哪几个方面的程序？
8. 简述审计报告的分类和类型。
9. 初步业务活动目标是什么？
10. 如果是首次接受业务委托，初步业务活动应实施哪些程序？

二、初步业务活动实训资料及工作步骤

2013年1月10日，广州天马服装有限公司委托广州天正会计师事务所对其2012年度财务报表审计（首次业务委托）。广州天正会计师事务所安排审计部经理刘益为项目风险管理负责人；模拟审计小组由本班的同学组成。审计小组长为项目负责人。审计组于2013年1月11日至1月12日进行初步业务活动。

工作程序和步骤：

（一）与委托人面谈：由项目风险管理负责人刘益、本审计组组长与委托人面谈（实训学生本人作记录），讨论以下有关问题。讨论结果：

1. 审计的目标和范围：2012年度财务报表。
2. 审计报告的用途：通用目的。
3. 已审计财务报表的预期使用者：全体股东、董事会、工商等行政部门。
4. 审计的时间要求：提交审计报告的时间为2011年2月10日。
5. 必要的工作条件及协助。

6. 审计收费：45 000元。

(二)收集客户资料。

1. 公司各项法律文件：公司章程、成立时的审计报告、验资报告、营业执照、税务登记证、对外投资合同、无形资产受让合同、借款合同、购销合同等。文件均符合规定（文件略）。

2. 公司财务报表资料：包括利润表、资产负债表等，会计账簿、会计凭证等。公司会计记录完整。

3. 公司主要财务制度（略）。

(三)初步了解客户及其环境，进行初步业务风险评估并予以记录。

1. 客户基本情况

客户法定名称：广州天马服装有限公司

地址：广州市白云区滨海路142号　　电话：020—64578376　　传真　020—64578388

电子信箱：tmfz@163　　网址：www.tmfz.com　　联系人：李明

主营：服装加工、销售　　　　　　兼营：旅店、餐饮、娱乐、服务业

所有制性质：民营　　　　　　　　组织形式：有限责任公司

公司成立日期：2002年9月18日　　注册资本：498万元

法人代表：刘丽芳

纳税人登记号：220102200197006

开户行：工商银行白云区滨海分理处　　　账号：5786988-1

所有权结构、股东名称、注册资本、实收资本

投资方	注册资本（万元）	实收资本（万元）	投资比例（%）
南方集团	400	400	80.32
职工	98	98	19.68
合计	498	498	100

2. 客户生产经营内外部环境

客户所处行业：不属于高风险行业，近几年公司大力提升产品生产能力和产品档次，有效地巩固了公司市场竞争能力。

内部控制情况：报告期内，公司结合公司自身情况，进一步建立健全了包括生产经营机制、财务管理控制等一系列内部控制制度，规范了内部控制的组织构架和管理控制的基本规则，确保公司生产经营管理的有序进行。

3. 评价客户的诚信。考虑因素

(1) 主要股东、关键管理人员、关联方及治理层的身份和商业信誉。

(2) 客户的经营性质。

(3) 主要股东、关键管理人员及治理层对内部控制环境和会计准则等的态度。

(4) 客户是否过分考虑将会计师事务所的收费维持在尽可能低的水平。

(5) 注册会计师的工作范围受到不适当限制的迹象。

（6）客户可能涉嫌洗钱或其他刑事犯罪行为的迹象。

（7）变更会计师事务所的原因。

信息来源：

（1）与为客户提供专业会计服务的现任或前任人员进行沟通，并与其讨论。

（2）向会计师事务所其他人员、监管机构、金融机构、法律顾问和客户的同行等第三方询问。

（3）从互联网等相关数据库中搜索客户的背景信息等。

4. 客户的诚信评价结论

公司制定了员工的行为守则，行为守则较完备，内容涉及利益冲突、不法或不当支出、公平竞争的保障等。公司要求员工严格遵守诚信和道德规范，并通过文字和实际行动有效地灌输给所有员工。从掌握的情况看，该公司的内部控制设计合理，并得到有效执行。

5. 可审性评价结论（根据上述对会计记录、内部控制和客户的诚信的了解，评价客户是否具有可审性。）

经过了解，该客户具有可审性。

（四）评价独立性及会计师事务所的独立性。

1. 识别并记录影响独立性的情形（12种。见工作底稿），如评价不影响独立性，回答"否"。

2. 如果对上述问题回答"是"，说明采取的防范措施。

评价结论： 本会计师事务所具有独立性。

（五）评价专业胜任能力、时间和资源。

1. 根据会计师事务所目前的人力资源情况，是否拥有足够的具有必要素质和专业胜任能力的人员组成项目组？

详细情况： 配备了两名注册会计师和三名助理人员。

评价结果： 是

2. 项目组关键人员是否充分了解适用于客户所处行业的会计处理？如否，是否能够获取相关知识？说明途径。

详细情况： 项目组负责人从事过该行业审计，对客户及其环境有整体了解。

评价结果： 是

3. 执行业务是否需要特定专业知识？如是，是否能够获取相关知识或利用专家的工作？说明途径。

评价结果： 否

4. 如果需要项目质量控制复核，是否具备符合标准和资格要求的项目质量控制复核人员？

详细情况： 项目质量控制复核人为本会计师事务所的质量总监。

评价结果： 是

评价结论： 本会计师事务所具有专业胜任能力。

（六）确定是否接受委托。

1. 总体评价：

对该项业务的总体评价：基于我们目前对客户的了解，该客户的风险水平为：低风险。

2. 审计收费可回收性评价：

（1）预计审计费用：肆万伍仟元整。

（2）成本能否收回：能收回。

3. 结论：

项目负责人结论：基于上述方面，我们接受此项业务（签字）：

日期：2013 年 1 月 13 日

风险管理负责人结论：基于上述方面，我们接受此项业务（签字）：

2013 年 1 月 13 日

4. 最终结论：

基于上述评价，可以承接此项业务。

（七）就审计业务约定书约定条款达成的一致意见。

2013 年 1 月 14 日，广州天马服装有限公司与广州天正会计师事务所就确定审计的前提条件及确认审计业务约定条款达成一致意见。

审计业务约定的相关内容如下（业务约定书文本中已有的内容不再重复）：

签约双方的名称：甲方：广州天马服装有限公司　　法定代表人：刘丽芳

乙方：广州天正会计师事务所　　法定代表人：方诚

1. 审计范围：2010 年度会计报表。
2. 依据：企业会计准则、企业会计制度。
3. 甲方应在 2013 年 1 月 15 日之前提供审计所需的全部资料。
4. 乙方应于 2013 年 2 月 10 日前出具审计报告。
5. 乙方在根据审计准则的规定与治理层沟通时，主要与甲方董事会或执行董事进行沟通，同时，乙方保留针对特定事项或在特定情形下与甲方执行董事沟通的权利。
6. 审计服务的收费总额为人民币肆万伍仟元。甲方应于本约定书签署之日起 5 日内支付 50% 的审计费用，其余款项于审计报告草稿完成日结清。
7. 如果由于无法预见的原因，致使本约定书所涉及的审计服务不再进行，由双方协商确定解决办法；如上述情况发生于乙方人员完成现场审计工作，并离开甲方的工作现场之后，甲方应另行向乙方支付人民币叁万元的补偿费，该补偿费应于甲方收到乙方的收款通知之日起 5 日内支付。
8. 乙方向甲方致送审计报告一式 3 份。
9. 本约定书履行地为乙方出具审计报告所在地，因本约定书所引起的或与本约定书有关的任何纠纷或争议双方选择以下第 1 种解决方式。

三、实训要求

根据上述初步业务活动的实施情况，编制以下初步业务活动审计工作底稿：

1. 2013 年 1 月 12 日，明确初步业务活动程序及执行人，编制初步业务活动程序表（索引号 1000）。

编制人员：实训学生本人；复核人员：审计组组长

2. 2013 年 1 月 13 日，编制业务承接（业务保持）评价表（索引号 1100）。

实训项目 1　审计基础

编制人员：实训学生本人；复核人员：审计组组长

3. 2013 年 1 月 14 日，签订审计业务约定书（索引号 1200）。

由实训学生本人作为乙方的法人代表签字、本小组另一位同学作为甲方的法人代表签字。

（一）初步业务活动程序表

被审计单位：		索引号：1000	
项目：		截止日/期间：	
编制：	日期：	复核：	日期：
一、初步业务活动目标			
1. 确定是否接受业务委托。			
2. 如果接受业务委托，确保在计划审计工作时达到下列要求：			
(1) 注册会计师已具备执行业务所需要的独立性和专业胜任能力；			
(2) 不存在因管理层诚信问题而影响注册会计师承接或保持该项业务意愿的情况；			
(3) 与被审计单位不存在对业务约定条款的误解。			
二、初步业务活动程序			
初步业务活动程序		索引号	执行人
1. 如果是首次接受业务委托，实施下列程序：			
(1) 与委托人面谈，讨论下列事项：			
①审计的目标；			
②审计报告的用途；			
③管理层对财务报表的责任；			
④审计范围；			
⑤执行审计工作的安排，包括出具审计报告的时间要求；			
⑥审计报告格式和对审计结果的其他沟通形式；			
⑦管理层提供必要的工作条件和协助；			
⑧注册会计师不受限制地接触任何与审计有关的记录、文件和所需要的其他信息；			
⑨与审计涉及的客户内部审计人员和其他员工工作的协调（必要时）；			
⑩审计收费，包括收费的计算基础和收费安排。			
(2) 初步了解客户及其环境，进行初步业务风险评估并予以记录。			
(3) 征得被客户书面同意后，与前任注册会计师沟通。			
2. 如果是连续审计，实施下列程序：			
(1) 了解审计的目标，审计报告的用途，审计范围和时间安排等是否发生变化。			
(2) 查阅以前年度审计工作底稿，重点关注非标准审计报告、管理建议书和重大事项概要等。			
(3) 初步了解客户及其环境发生的重大变化，进行初步业务风险评估并予以记录。			
(4) 考虑是否需要修改业务约定条款，是否需要提醒客户注意现有的业务约定条款。			
3. 评价是否具备执行该项审计业务所需要的独立性和专业胜任能力。			
4. 完成业务承接/业务保持评价表。			
5. 签订审计业务约定书（适用于首次接受业务委托，以及连续审计中修改长期审计业务约定书条款的情况）。			

（二）业务承接/保持评价表

被审计单位：		索引号：1100		
项目：		截止日/期间：		
编制：	日期：	复核：	日期：	

一、客户基本情况
1. 客户法定名称：
地址：
电话：　　　　　　　　　　　传真：　　　　　　　　　　　电子信箱：
网址：　　　　　　　　　　　联系人：
2. 主要业务
3. 所有制性质（国有/外商投资/民营/其他）
组织形式　　　　　　　　　　　公司成立日期
4. 所有权结构（股东名称、注册资本、实收资本）

股东名称	股本	投资比例

5. 子公司、合营企业、联营企业、分公司的基本情况
6. 所处行业是否属于高风险行业、发展趋势和竞争情况
7. 会计记录是否完整
8. 内部控制情况
本表主要适用于首次接受业务委托。对于连续审计业务，注册会计师应侧重记录客户及其环境的变化情况。

实训项目1　审计基础

续表

二、审计业务基本情况		
审计报告用途	☐ 通用目的	
	☐ 特殊目的（如是，要写明）：	
已审计财务报表的预期使用者		
提交审计报告的时间		
三、评价客户的诚信		
客户的诚信	记录内容	
考虑因素： 1. 主要股东、关键管理人员、关联方及治理层的身份和商业信誉。		
2. 客户的经营性质。		
3. 主要股东、关键管理人员及治理层对内部控制环境和会计准则等的态度。		
4. 客户是否过分考虑将会计师事务所的收费维持在尽可能低的水平。		
5. 注册会计师的工作范围受到不适当限制的迹象。		
6. 客户可能涉嫌洗钱或其他刑事犯罪行为的迹象。		
7. 变更会计师事务所的原因。		
……		
信息来源：（1）与为客户提供专业会计服务的现任或前任人员进行沟通，并与其讨论。		
（2）向会计师事务所其他人员、监管机构、金融机构、法律顾问和客户的同行等第三方询问。 （3）从互联网等相关数据库中搜索客户的背景信息等。		
评价结论：		

四、可审性评价结论
根据上述对会计记录、内部控制和客户的诚信的了解，评价客户是否具有可审性。

五、评价独立性

评价项目	是/否
1. 识别并记录会计师事务所是否存在自身利益威胁、自我评价威胁、过度推介威胁、密切关系威胁和外在压力胁迫等损害独立性的情形。这些情形包括但不限于：	
（1）向客户收取的全部费用是否在会计师事务所审计收入总额中占有很大比重？	
（2）是否存在或有收费？	

续表

评价项目	是/否	
（3）是否存在逾期收费？		
（4）会计师事务所的审计人员是否曾接受客户提供的贵重礼品或超规格招待？		
（5）会计师事务所是否与客户发生诉讼或可能发生诉讼？		
（6）会计师事务所高级管理人员是否与客户的董事或高级管理人员存在直系亲属或近缘亲属关系？		
（7）会计师事务所高级管理人员是否与客户对财务报表产生重大影响的员工存在直系关系或近缘亲属关系？		
（8）客户的董事或高级管理人员，或所处职位能够对财务报表产生重大影响的员工近期是否曾是会计师事务所的合伙人？		
（9）会计师事务所是否在客户中拥有经济利益？		
（10）会计师事务所是否为客户提供可能威胁独立性的服务，包括行使管理层职责的服务、代理记账或代编报表等服务？		
（11）会计师事务所是否在法律诉讼中以客户名义进行辩护或在共同的推广活动中以客户名义进行宣传？		
（12）是否存在会计师事务所同一名高级职员多年执行该客户的审计业务的情况？		
2. 如果对上述问题回答"是"，说明采取的防范措施。		
评价结论：		

六、评价专业胜任能力、时间和资源		
时间和资源	是/否/不适用	详细情况
1. 根据会计师事务所目前的人力资源情况，是否拥有足够的具有必要素质和专业胜任能力的人员组成项目组？		
2. 是否能够在提交报告的最后期限内完成业务？		
专业胜任能力		
1. 项目组关键人员是否熟悉客户所处行业及主要业务，是否能够获取对客户及其环境的整体了解？		
2. 项目组关键人员是否充分了解适用于客户所处行业的会计处理；如否，是否能够获取相关知识，说明途径。		
3. 执行业务是否需要特定专业知识？如是，是否能够获取这些知识或利用专家的工作，说明途径。		
4. 如果需要项目质量控制复核，是否具备符合标准和资格要求的项目质量控制复核人员？		
评价结论：		

实训项目1　审计基础

续表

七、总体评价	
对该项业务的总体评价：	
基于我们目前对客户的了解，该客户的风险水平为：	
□高风险　　□中等风险　　□低风险	
八、审计收费可回收性评价	
1. 预计审计收费：	
2. 成本能否收回：	
九、结论	
项目负责人：	风险管理负责人：
基于上述方面，我们　　（接或不接受）此项业务。	基于上述方面，我们（接受或不接受）此项业务。
签名：	签名：
日期：	日期：
最终结论：	

审计业务约定书

索引号：1200

甲方：　　　　　　　　　公司
乙方：　　　　　　　会计师事务所
兹由甲方委托乙方对　　年度财务报表进行审计，经双方协商，达成以下约定：

一、业务范围与审计目标

1. 乙方接受甲方委托，对甲方按照企业会计准则和《　　会计制度》编制的　　年12月31日的资产负债表，　　年度的利润表、股东权益变动表和现金流量表以及财务报表附注（以下统称财务报表）进行审计。

2. 乙方通过执行审计工作，对财务报表的下列方面发表审计意见：（1）财务报表是否按照企业会计准则和《　　会计制度》的规定编制；（2）财务报表是否在所有重大方面公允反映甲方的财务状况、经营成果和现金流量。

二、甲方的责任与义务

（一）甲方的责任

1. 根据《中华人民共和国会计法》及《企业财务会计报告条例》，甲方及甲方负责人有责任保证会计资料的真实性和完整性。因此，甲方管理层有责任妥善保存和提供会计记录（包括但不限于会计凭证、会计账簿及其他会计资料），这些记录必须真实、完整地反映甲方的财务状况、经营成果和现金流量。

2. 按照企业会计准则和《　　会计制度》的规定编制财务报表是甲方管理层的责任，这种责任包括：（1）设计、实施和维护与财务报表编制相关的内部控制，以使财务报表不存在由于舞弊或错误而导致的重大错报；（2）选择和运用恰当的会计政策；（3）作出合理的会计估计。

（二）甲方的义务

1. 及时为乙方的审计工作提供其所要求的全部会计资料和其他有关资料（在　年　月　日之前提供审计所需的全部资料），并保证所提供资料的真实性和完整性。

2. 确保乙方不受限制地接触任何与审计有关的记录、文件和所需的其他信息。

3. 甲方管理层对其作出的与审计有关的声明予以书面确认。

4. 为乙方派出的有关工作人员提供必要的工作条件和协助，主要事项将由乙方于外勤工作开始前提供清单。

5. 按本约定书的约定及时足额支付审计费用以及乙方人员在审计期间的交通、食宿和其他相关费用。

三、乙方的责任和义务

（一）乙方的责任

1. 乙方的责任是在实施审计工作的基础上对甲方财务报表发表审计意见。乙方按照中国注册会计师审计准则（以下简称审计准则）的规定进行审计。审计准则要求注册会计师遵守职业道德规范，计划和实施审计工作，以对财务报表是否不存在重大错报获取合理保证。

2. 审计工作涉及实施审计程序，以获取有关财务报表金额和披露的审计证据。选择的审计程序取决于乙方的判断，包括对由于舞弊或错误导致的财务报表重大错报风险的评估。在进行风险评估时，乙方考虑与财务报表编制相关的内部控制，以设计恰当的审计程序，但目的并非对内部控制的有效性发表意见。审计工作还包括评价管理层选用会计政策的恰当性和作出会计估计的合理性，以及评价财务报表的总体列报。

3. 乙方需要合理计划和实施审计工作，以使乙方能够获取充分、适当的审计证据，为甲方财务报表是否不存在重大错报获取合理保证。

4. 乙方有责任在审计报告中指明所发现的甲方在某重大方面没有遵循企业会计准则和《　　会计制度》编制财务报表且未按乙方的建议进行调整的事项。

5. 由于测试的性质和审计的其他固有限制，以及内部控制的固有局限性，不可避免地存在着某些重大错报在审计后可能仍然未被乙方发现的风险。

6. 在审计过程中，乙方若发现甲方内部控制存在乙方认为的重要缺陷，可向甲方提交管理建议书。但乙方在管理建议书中提出的各种事项，并不代表已全面说明所有可能存在的缺陷或已提出所有可行的改善建议。甲方在实施乙方提出的改善建议前应全面评估其影响。未经乙方书面许可，甲方不得向任何第三方提供乙方出具的管理建议书。

7. 乙方的审计不能减轻甲方及甲方管理层的责任。

（二）乙方的义务

按照约定时间完成审计工作，出具审计报告。乙方应于　　年　月　日前出具审计报告。

四、商定的沟通对象

双方商定，乙方在根据审计准则的规定与治理层沟通时，主要与甲方董事会或执行董事进行沟通，同时，乙方保留针对特定事项或在特定情形下与甲方__［股东会整体或执行董事］沟通的权利。

五、审计收费

1. 本次审计服务的收费是以乙方各级别工作人员在本次工作中所耗费的时间为基础计算的。乙方预计本次审计服务的费用总额为人民币_____万元。

2. 甲方应于本约定书签署之日起____日内支付____%的审计费用，其余款项于［审计报告草稿完成日］结清。

3. 如果由于无法预见的原因，致使乙方从事本约定书所涉及的审计服务实际时间较本约定书签订时预计的时间有明显的增加或减少时，甲乙双方应通过协商，相应调整本约定书第五条第1项下所述的审计费用。

4. 如果由于无法预见的原因，致使本约定书所涉及的审计服务不再进行，由双方协商确定解决办法；如上述情况发生于乙方人员完成现场审计工作，并离开甲方的工作现场之后，甲方应另行向乙方支付人民币____元的补偿费，该补偿费应于甲方收到乙方的收款通知之日起____日内支付。

5. 与本次审计有关的其他费用（包括交通费、食宿费、询证费等）由甲方承担。

六、审计报告的出具及使用限制

1. 乙方按照《中国注册会计师审计准则第1501号——对财务报表形成审计意见和出具

审计报告》、《中国注册会计师审计准则第 1502 号——在审计报告中发表非无保留意见》、《中国注册会计师审计准则第 1503 号——在审计报告中增加强调事项段和其他事项段》规定的格式和类型出具审计报告。

2. 乙方向甲方致送审计报告一式____份。

3. 甲方在提交或对外公布审计报告时，不得修改乙方出具的审计报告及其后附的已审计财务报表。当甲方认为有必要修改会计数据、报表附注和所作的说明时，应当事先通知乙方，乙方将考虑有关的修改对审计报告的影响，必要时，将重新出具审计报告。

七、本约定书的有效期间

本约定书自签署之日起生效，并在双方履行完毕本约定书约定的所有义务后终止。但其中第三（二）2、五、六、九、十、十一项并不因本约定书终止而失效。

八、约定事项的变更

如果出现不可预见的情况，影响审计工作如期完成，或需要提前出具审计报告，甲、乙双方均可要求变更约定事项，但应及时通知对方，并由双方协商解决。

九、终止条款

1. 如果根据乙方的职业道德及其他有关专业职责、适用的法律法规或其他任何法定的要求，乙方认为已不适宜继续为甲方提供本约定书约定的审计服务时，乙方可以采取向甲方提出合理通知的方式终止履行本约定书。

2. 在终止业务约定的情况下，乙方有权就其于本约定书终止之日前对约定的审计服务项目所做的工作收取合理的审计费用。

十、违约责任

甲、乙双方按照《中华人民共和国合同法》的规定承担违约责任。

十一、适用法律和争议解决

本约定书的所有方面均应适用中华人民共和国法律进行解释并受其约束。本约定书履行地为乙方出具审计报告所在地，因本约定书所引起的或与本约定书有关的任何纠纷或争议（包括关于本约定书条款的存在、效力或终止，或无效之后果），双方选择以下第_____种解决方式：

1. 向有管辖权的人民法院提起诉讼；
2. 提交×××仲裁委员会仲裁。

十二、双方对其他有关事项的约定

本约定书一式两份，甲、乙方各执一份，具有同等法律效力。

甲方： 　　公司（盖章）　　　　乙方：　　　会计师事务所（盖章）

法定代表人或授权代表：　　　　　法定代表人或授权代表：
（签名并盖章）：　　　　　　　　（签名并盖章）：
　　年　月　日　　　　　　　　　　年　月　日

1.4 审计证据

实训评分

实训目的： 能运用审计证据的基础知识辨别审计证据的可靠性，能运用适当的审计程序和方法获取审计证据。

实训要求： 1. 完成审计证据的思考讨论题、判断题。
     2. 完成广州天马服装有限公司货币资金审计应获取审计证据的实训。

实训步骤： 1. 对思考讨论题独立思考、小组讨论、老师抽查提问。
     2. 完成辨别审计证据的可靠性的判断题（小组讨论、独立完成）。
     3. 独立完成广州天马服装有限公司货币资金审计应审计取证的实训。

实训内容： 1. 辨别审计证据的可靠性。
     2. 审计取证的审计程序和方法。
     3. 广州天马服装有限公司货币资金审计应获取审计证据的实训。

实训时间：   **实训地点：**

一、思考讨论题（学生思考、小组讨论、老师抽查提问）

1. 审计工作的核心是什么？
2. 什么是审计证据？审计证据包括哪些信息？
3. 简述审计证据的特性。
4. 简述审计证据的分类。
5. 获取审计证据所需实施的审计总体程序有哪些？
6. 获取审计证据有哪些具体审计程序？
7. 什么是顺查法？什么是逆差法？什么是详查法？什么是抽查法？
8. 要对存货的存在和状况获取充分、适当的审计证据，应当实施什么审计程序？
9. 注册会计师应当对哪些项目实施函证程序？
10. 谈谈在审计取证，乃至整个审计工作中保持职业怀疑，运用职业判断的必要性和重要性。

二、判断题

（一）下列证据中哪些证据更为可靠，请简要说明理由。

1. 被审计单位管理当局声明书与律师声明书。

判断	
理由	

2. 审计人员盘点存货的记录与客户自编的存货盘点表。

判断	
理由：	

3. 电脑打印的应收账款明细账与应收账款询证函回函。

判断	
理由：	

（二）注册会计师在审计中收集到下列审计证据，其中证明力最弱的是哪一项？
1. 注册会计师向债务人进行询证所收回的回函。
2. 注册会计师监盘存货的盘点表。
3. 银行对账单。
4. 被审单位应收账款总账及其明细账。

判断	
理由：	

5. 实物证据能证实实物资产是否存在、实物资产的归属、实物资产质量的好坏及实物资产计价是否正确。

判断	
理由：	

6. 在大多数情况下，口头证据可以证明事实真相。

判断	
理由：	

7. 某注册会计师在对应收账款进行审计时，收集到如下审计证据。请按审计证据可靠程度的强弱依次排列。
（1）被审单位销售发票。
（2）被审单位应收账款、销售收入等明细分类账及总分类账。
（3）被审单位对应收账款存在性的声明。
（4）被审单位债务人寄来的对账单。
（5）注册会计师对被审单位债务人进行函证，债务人给注册会计师的回函。

判断	
理由：	

三、案例分析

2013年11月15日，广州天正会计师事务所审计广州天马服装有限公司2012年度报表，对以下项目选择实施有关的实质性程序进行审计。请分析应实施哪些具体的审计程序，以获取哪些审计证据？

审计目标	选择的实质性程序	为获取审计证据而可以实施的具体审计程序	应获取的审计证据
库存现金余额是否正确	实施库存现金的监盘程序		
库存现金的收、支是否真实合规、核算是否正确	抽查大额库存现金收支的原始凭证		
存货数量是否正确	存货的抽盘		
应收账款余额是否正确	应收账款的函证		
营业收入是否正确	检查会计凭证，分析是否符合收入确认的条件，会计处理是否正确		

1.5 审计工作底稿

实训评分

实训目的： 能运用审计底稿的编制方法，通过获取审计证据编制审计工作底稿。
实训要求： 1. 完成审计工作底稿的思考讨论题、判断题。
     2. 对广州天马服装有限公司库存现金进行审计并编制工作底稿。
实训步骤： 1. 对思考讨论题独立思考、小组讨论、老师抽查提问。
     2. 对广州天马服装有限公司库存现金进行监盘；编制库存现金监盘表。
     3. 抽查大额库存现金；编制通用凭证检查表。
实训内容： 1. 审计工作底稿的要素和编制方法。
     2. 对广州天马服装有限公司库存现金进行审计并编制工作底稿。

实训时间：　　　　　　　　　　　　　　　　**实训地点：**

一、思考、讨论题（学生思考、小组讨论、老师抽查提问）
1. 什么是审计工作底稿？审计工作底稿的含义、目的和作用？
2. 简述审计工作底稿的目的和作用。
3. 简述审计工作底稿的基本结构及编制的基本内容。
4. 审计工作底稿的归档、保存的要求和时限？

二、实务题

2012年12月31日，天马服装有限公司库存现金账面余额18 102元。2013年1月15日，广州天正会计师事务所对广州天马服装有限公司的库存现金进行审计。

（一）实施"抽查大额库存现金"程序；审计人员通过检查"库存现金日记账"，以发生额较大的库存现金作为查验对象，抽查：

1. 2012年9月21日现付129号凭证，发放职工工资。会计分录：
借：应付职工薪酬　　　　　　　　　　　　　　　　100 000
  贷：库存现金　　　　　　　　　　　　　　　　　　100 000
检查了记账凭证和原始凭证，未发现异常情况。

2. 2012年10月26日现付175号凭证，职工经批准借支差旅费。会计分录：
借：其他应收款——王林　　　　　　　　　　　　　50 000
  贷：库存现金　　　　　　　　　　　　　　　　　　　50 000
做出检查记录，编制审计工作底稿——通用凭证检查表

（二）实施"库存现金监盘"程序：

2013年1月15日，审计小组对公司现金进行了监盘。企业参加现金盘点人员：会计主管人员王刚；出纳员李丽；其结果见下表：

面值（元）	100	50	20	10	5	2	1	0.5	0.1	合计
数量（张）	25	16	40	60	40	50	80	20	100	

1. 2013年1月14日"库存现金日记账"账面余额7 830元。
2. 至2013年1月15日盘点之时止，尚有下列单据已收、付款未入账：
①现金收入凭证3张，金额共计3 450元，日期为2013年1月10日。
②现金支出金额3 180元，日期是2013年1月12日，有合规的支出发票。
③某职工差旅费借款条一张，金额1 000元，已按借款程序批准，日期是2013年1月13日；
④2013年1月1日~15日盘点之时，现金总收入37 718元，总支出48 720元；
⑤银行核定的库存现金限额5 000元。

要求：根据上述实施"库存现金监盘"程序的过程及结果。对盘亏的现金，告知企业后确认属于出纳员责任，应由出纳员赔偿。

编制工作底稿——库存现金监盘表（4101-3）。

通用凭证检查表

被审计单位：					索引号：		4101-1		
项目：					财务报表截止日：				
编制：					复核：				
日期：					日期：				

序号	记账日期	凭证编号	对应科目	金额	检查内容（用"√"、"×"表示）				
					①	②	③	④	⑤

检查内容说明：①原始凭证是否齐全；②记账凭证与原始凭证是否相符；③账务处理是否正确；④是否记录于恰当的会计期间，处理是否正确。

审计说明：

实训项目1 审计基础

库存现金监盘表

被审计单位：						索引号：4101-3						
项目：	库存现金监盘表					截止日：						
编制：						复核：						
日期：	年 月 日					日期：	年 月 日					
	检查盘点记录					实有库存现金盘点记录						
项 目		项次	人民币	美元	某外币	面额	人民币		美元		某外币	
							张	金额	张	金额	张	金额
上一日账面库存余额		①										
监盘日未计收入金额		②				100元						
监盘日未计支出金额		③				50元						
监盘日账面应有金额		④=①+②-③				10元						
盘点实有现金数额		⑤				5元						
盘点日应有与实有差异		⑥=④-⑤	—			2元						
差异原因分析	白条抵库					1元						
						0.5元						
						0.2元						
						0.1元						
						合计						
调整至资产负债表日（报表日）	报表日至监盘日现金付出总额											
	报表日至监盘日现金收入总额											
	报表日现金实有余额											
	报表日现金账面余额											
	报表日应有与实有差额											

出纳员： 会计主管人员： 监盘人： 检查日期：

审计说明：

实训项目 2 资产审计

2.1 货币资金审计

实训评分

实训目的：能选择货币资金审计的实质性程序，运用职业判断，实施货币资金审计。

实训要求：根据实训资料，选择并实施实质性程序，对广州天马服装有限公司货币资金进行审计，编制工作底稿。

实训步骤：1. 老师讲授货币资金的审计要点、实质性程序及操作要点。
2. 实施货币资金审计的实质性程序；编制工作底稿。
3. 审计小组进行复核。

实训内容：对广州天马服装有限公司货币资金进行审计，编制工作底稿。
1. 实施"取得或编制货币资金明细表程序"。
2. 实施"检查银行对账单及余额调节表"程序。
3. 实施银行存款函证程序，编制工作底稿。
4. 运用职业判断，抽查大额银行存款收支凭证。
5. 检查货币证据是否正确列报，审定货币资金。

实训地点：

实训资料：广州天马服装有限公司基本情况见实训项目 1.3。审计组向企业取得了以下资料：

2012 年广州天马服装有限公司利润表   单位：元

	项　　目	金额
一、	营业收入	11 404 435
	减：营业成本	7 441 311
	营业税金及附加	247 922
	销售费用	286 503
	管理费用	1 076 612
	财务费用	288 193
	资产减值损失	
	加：公允价值变动收益	
	投资收益	86 400
二、	营业利润	2 150 294
	加：营业外收入	15 800
	减：营业外支出	174 338
三、	利润总额	1 991 756
	减：所得税费用	497 939
四、	净利润	1 493 817
五、	未分配利润	712 378

实训项目 2　资产审计

2012 年 12 月 31 日广州天马服装有限公司资产负债表　　　　单位：元

项　　目	2012 年 12 月 31 日	项　　目	2012 年 12 月 31 日
货币资金	1 282 960	短期借款	1 800 000
交易性金融资产		交易性金融负债	
		应付票据	
应收票据		应付账款	360 223
应收账款	825 592	预收款项	
预付账款	120 000	应付职工薪酬	52 362
应收利息		应交税费	235 516
应收股利		应付利息	3 572
其他应收款	68 000	应付股利	
存货	748 358	其他应付款	351 000
一年内到期的非流动资产		一年内到期的非流动负债	
其他流动资产		其他流动负债	
可供出售金融资产		长期借款	1 500 000
持有至到期投资		应付债券	
长期应收款		长期应付款	
长期股权投资		专项应付款	
投资性房地产		预计负债	
固定资产	5 300 000	递延所得税负债	
在建工程	2 804 927	其他非流动负债	
工程物资			
固定资产清理			
无形资产		实收资本（或股本）	4 983 710
开发支出			
长期待摊费用		资本公积	888 900
递延所得税资产		盈余公积	262 176
其他非流动资产		未分配利润	712 378
资产合计	11 149 837	负债和所有者权益合计	11 149 837

2012 年 12 月 31 日广州天马服装有限公司货币资金余额　　　　单位：元

	2012 年 12 月 31 日余额	备注
库存现金日记账	18 102	
银行存款日记账	1 264 858	
总账——库存现金	18 102	
总账——银行存款	1 264 858	
资产负债表——货币资金	1 282 960	

2013年1月15日,审计组对货币资金实物进行审计。已选择实质性程序并编制了"货币资金实质性程序"底稿(见实训项目1.4)。

(一)实施"获取或编制货币资金余额明细表"程序。

2013年1月15日,编制审计工作底稿——货币资金明细表(索引号4101-2)。

(二)实施"现金监盘程序"(已实施;见实训项目1.5)。

(三)实施"货币资金函证程序"。

2013年1月15日,填写银行存款询证函(索引号:4101-8),向开户银行询证。

注意:发出银行询证函的金额为资产负债表日银行对账单的余额。

2013年1月15日,银行回函,余额真实无误。编制审计工作底稿——银行存款函证结果汇总表(索引号4101-7)。

(四)实施"获取并检查银行对账单及余额调节表"程序。

企业提供的2012年12月31日银行余额调节表如下:

12月31日企业银行存款日记账余额	1 264 858	12月31日银行对账单余额	1 073 893
加:银行已收,企业未入账	215 568	加:企业已收,银行未入账	158 000
其中: 1. 11月10日收物资公司	80 000	其中: 1. 12月29日收到转账支票(银行2013年1月3日入账)	158 000
2. 12月28日收兰达商场	135 568	2.	
减:银行已付,企业未入账	335 533	减:企业已付,银行未入账	87 000
其中: 1. 12月25日付自来水公司	95 000	其中: 1. 12月30日开出转账支票(银行2013年1月3日入账)	87 000
2. 12月21日支付本季度利息	102 000	2.	
3. 12月28日付西樵纺织厂	138 533		
调节后余额	1 144 893	调节后余额	1 144 893

审计组对上述余额调节表的调节事项性质和范围是否合理进行了审计,检查了有关记账凭证、原始凭证和会计资料。审计查明的情况如下:

1. 银行已收,企业未入账:11月10日收物资公司80 000元,是处理拆迁建筑物的废旧物资款。

2. 银行已收,企业未入账:12月28日收兰达商场135 568元是收回的应收账款。

3. 银行已付,企业未入账:12月25日付自来水公司95 000元是支付管理部门4季度水费。12月21日支付本季度利息102 000元是支付流动资金贷款利息。12月28日付西樵纺织厂138 533元是支付的应付账款。

4. 企业已收,银行未入账158 000元;企业已付,银行未入账87 000元是银行因同城票据交换时限关系,银行已于2013年1月3日入账。

2013年1月15日,编制审计工作底稿——银行余额调节表汇总(索引号4101-5);银行余额调节表检查(索引号4101-6)。

（五）实施"抽查大额货币资金收支的原始凭证"程序。

1. 审计人员检查银行存款日记账，抽查了 10 月 20 日银付 92 号凭证，支付业务员差旅费借支 60 000 元，借据经过了业务主管审批。未发现异常情况。

  会计分录：借：其他应收款——刘坚   60 000
       贷：银行存款   60 000

2. 抽查 12 月 18 日银付 103 号凭证，以现金支票支付管理部门会议费 55 000 元。原始凭证为一张白云宾馆的会议费收据。

  会计分录：
  借：管理费用   55 000
    贷：银行存款   55 000

经审计人员追查，12 月 18 日并没有开会，白云宾馆的会议费收据是内容不真实的不合规票据，现金 55 000 元被行政经理及相关会计、出纳人员以福利补贴名义私分。应向相关人员追回。

2013 年 1 月 16 日   编制工作底稿——《通用凭证检查表》

（六）实施"检查货币资金是否按照企业会计准则的规定恰当列报"程序；对货币资金予以审定。

2013 年 1 月 16 日，综合货币资金的审计情况，编制工作底稿——货币资金审定表（索引号 4101-1）。

货币资金明细表

被审计单位：	索引号：4101-2
项目：货币资金明细表	截止日：
编制：	复核：
日期：年 月 日	日期：年 月 日

项目	账号	币种	期末未审数			备注
^	^	^	原币金额	汇率	折合本位币	^
库存现金						
小计						
银行存款						
小计						
其他货币资金						
小计						
合计						

注：对存在质押、冻结等变现限制或存在境外的款项在"备注"中予以说明。

审计说明：

银行存款（其他货币资金）余额调节表汇总

被审计单位：							索引号：			4101－5	
项目：余额调节表汇总							截止日：				
编制：							复核：				
日期： 年 月 日							日期： 年 月 日				
开户行	账号	银行日记账余额（原币）	银行已收，企业未入账金额	银行已付，企业未入账金额	调整后银行日记账余额	银行对账单金额（原币）	企业已收，银行未入账金额	企业已付，银行未入账金额	调整后银行对账单余额	调整后是否相符
		①	②	③	④＝①＋②－③	⑤	⑥	⑦	⑧＝⑤＋⑥－⑦	
					—				—	
					—				—	
					—				—	

编制说明：1. 若账面余额（原币数）与银行对账单金额不一致，应另行检查银行存款余额调节表（见4101－6）。
     2. 银行存款、其他货币资金审计时均可使用该表。

审计说明：

对银行存款余额调节表的检查

被审计单位：		索引号：	4101-6	
项目：对银行存款调节表的检查		截止日：		
编制：	日期： 年 月 日	复核：		年 月 日
开户银行：	银行账号：		币种：	
项 目	金额	调节项目说明	是否需要提请被审计单位调整	
银行对账单余额				
加：企业已收，银行尚未入账合计金额				
其中：1.				
减：企业已付，银行尚未入账合计金额	—			
其中：1.				
调整后银行对账单余额	—			
企业银行存款日记账余额				
加：银行已收，企业尚未入账合计金额	—			
其中：1.				
2.				
减：银行已付，企业尚未入账合计金额	—			
其中：1.				
2.				
3.				
调整后企业银行存款日记账余额	—			
审计说明：				

实训项目 2 资产审计

银行存款函证结果汇总表

被审计单位：							索引号：	4101-7	
项目：	银行存款函证结果汇总表						截止日：		
编制：							复核：		
日期：	年 月 日						日期：	年 月 日	
开户银行	账号	币种	函证情况					冻结、质押等事项说明	备注
			函证金额	函证日期	回函日期	回函金额	金额差异		

审计说明：

银行询证函

_____银行　　　　　　　编号：索引号：4101－8

本公司聘请的　　　会计师事务所正在对本公司　　年度财务报表进行审计，按照中国注册会计师审计准则的要求，应当询证本公司与贵行相关的信息。下列信息出自本公司记录，如与贵行记录相符，请在本函下端"信息证明无误"处签章证明；如有不符，请在"信息不符"处列明不符项目及具体内容；如存在与本公司有关的未列入本函的其他重要信息，也请在"信息不符"处列出其详细资料。回函请直接寄至　　　　　　会计师事务所。

回函地址：　　　　　　　　　　　邮编：

电话：　　　　　传真：　　　　　联系人：

截至　　年　月　日，本公司与贵行相关的信息列示如下：

1. 银行存款

账户名称	银行账号	币种	利率	余额	起止日期	是否被质押、用于担保或存在其他使用限制	备注

除上述列示的银行存款外，本公司并无在贵行的其他存款。

2. 银行借款

借款人名称	币种	本息余额	借款日期	到期日期	利率	借款条件	抵（质）押品/担保人	备注

除上述列示的银行借款外，本公司并无在贵行的其他借款。

注：此项仅函证截至资产负债表日本公司尚未归还的借款。

3. 担保

本公司为其他单位提供的、以贵行为担保受益人的担保。

被担保人	担保方式	担保金额	担保期限	担保事由	担保合同编号	被担保人与贵行就担保事项往来的内容（贷款等）	备注

除上述列示的担保外，本公司并无其他以贵行为担保受益人的担保。

实训项目 2　资产审计

4. 其他重大事项

（被审计单位盖章）

以下仅供被询证银行使用
结论：

1. 信息证明无误。	2. 信息不符，请列明不符项目及具体内容（对于在本函前述第 1 项至第 13 项中漏列的其他重要信息，请列出详细资料）。
（银行盖章） 年　月　日 经办人：	（银行盖章） 年　月　日 经办人：

通用凭证检查表

被审计单位：				索引号：					
项目：				财务报表截止日：					
编制：				复核：					
日期：				日期：					

序号	记账日期	凭证编号	对应科目	金额	检查内容（用"√"、"×"表示）				
					①	②	③	④	⑤
1									
2									
3									
4									
5									
6									
7									
8									

核对内容说明：①原始凭证是否齐全；②记账凭证与原始凭证是否相符；③账务处理是否正确；④是否记录于恰当的会计期间。

选取测试项目的方法（请在相应选择部分后打"√"）

1. 选取全部项目　　　2. 选取特定项目，具体描述为　　　3. 审计抽样

审计说明：

实训项目 2 资产审计

货币资金审定表

被审计单位：	索引号：4101 - 1
项目：货币资金审定表	截止日：
编制：	复核：
日期： 年 月 日	日期： 年 月 日

项目名称	期末未审数	账项调整 借方	账项调整 贷方	重分类调整 借方	重分类调整 贷方	期末审定数	上期末审定数	索引号
现金								
银行存款								
其他货币资金								
合计								

审计结论：

2.2 应收账款的审计

实训评分

实训目的： 能选择应收账款审计的实质性程序，运用职业判断，实施应收账款审计。

实训要求： 根据实训资料，选择并实施实质性程序，对广州天马服装有限公司应收账款进行审计，编制工作底稿。

实训步骤： 1. 老师讲授应收账款的审计要点、实质性程序及操作要点。
2. 实施应收账款的实质性程序；编制工作底稿。
3. 审计小组进行复核。

实训内容： 对广州天马服装有限公司应收账款进行审计，编制工作底稿。
1. 实施"取得或编制应收账款明细表程序"。
2. 实施应收账款函证程序。
3. 实施应收账款替代审计程序。
4. 检查应收账款是否正确列报，审定应收账款。

实训时间：   **实训地点：**

一、实施"获取或编制应收账款余额明细表"程序

2013年1月15日，审计组向企业取得了以下资料：

2012年12月31日应收账款余额情况   单位：元

2012年12月31日资产负债表中"应收账款"余额		825 592
2012年12月31日应收账款总账余额		825 592
应收账款明细账户	2012年12月31日余额	应收账款内容、发生时间
白云商场	借：194 197	2011年11月销售服装款
永和商业大厦	借：253 380	2012年10月销售西服
生产资料公司	借：240 500	2012年10月销售工作服
107中学	借：6 627	2012年11月销售衬衫
兰达商场	借：135 568	2011年10月销售西服
国贸公司	借：374 400	2012年12月销售衬衫
广州国棉纺织公司	借：6 920	2012年12月销售服装
华安电子公司	贷：386 000	2012年12月预收服装销售款

实训项目 2 资产审计

2012 年 12 月 31 日企业编制的应收账款明细账余额（含账龄分析、非关联方）

客户名称	期末余额	1 年以内	1~2 年	2~3 年	3 年以上	备注
白云商场	借：194 197	借：194 197				
永和商业大厦	借：253 380	借：253 380				
生产资料公司	借：240 500	借：240 500				
107 中学	借：6 627	借：6 627				
兰达商场	借：135 568		借：135 568			
国贸公司	借：374 400	374 400				
广州国棉纺织公司	借：6 920	6 920				
华安电子公司	贷：386 000	贷：386 000				
合计	借：825 592	借：690 024	借：135 568			

1. 检查应收账款是否账账相符、账表相符。

2. 分析有贷方余额的项目，华安电子公司贷方余额 386 000 元，经查明原因是 2012 年 12 月预收服装销售款。提请被审计单位做重分类调整。

3. 标识重要的欠款单位（标识△）：白云商场、永和商业大厦、生产资料公司、国贸公司；计算其欠款合计占应收账款余额的比例。拟对这些重点账户实施函证。

2013 年 1 月 16 日，编制审计工作底稿——应收账款明细表（索引号 4101-2）。

二、实施"应收账款函证"程序

1. 2013 年 1 月 16 日，对重点标识的 4 个欠款单位发出积极式询证函（4104-3-1 至 4104-3-4）。

2. 2013 年 1 月 19 日，永和商业大厦、生产资料公司回函。其中：永和商业大厦回函金额与询证函金额一致，生产资料公司回函金额为 65 000 元，与询证函金额 240 500 元不一致。

3. 白云商场、国贸公司未回函。1 月 19 日，再次向白云商场、国贸公司发出询证函。至 1 月 22 日，白云商场、国贸公司两次均未回函。

三、实施"编制应收账款函证结果汇总表，分析评价函证结果"程序

1. 2013 年 1 月 22 日，根据回函结果，编制"应收账款函证结果汇总表"（4104-4）。

2. 生产资料公司回函金额与被审计单位账面记录不一致，经审计查明不符事项的原因，并检查支持性凭证。其原因是：2012 年 12 月 30 日，转字 129 号凭证，生产资料公司已转账支付销售款 175 500 元，因货款在途未达，广州天马服装有限公司未做账。

2013 年 1 月 22 日，编制审计工作底稿——"应收账款函证结果调节表"（4104-5）。

（请思考：如果不符原因是广州天马服装有限公司 2012 年 12 月 30 日发出服装 175 500

元（价税合计）给生产资料公司并已做营业收入，而由于商品在途未达，生产资料公司未做账，应该怎样编制"应收账款函证结果调节表"？）

四、实施"对未予函证的应收账款实施替代审计程序"

2013年1月22日，对未回函的白云商场、国贸公司两个账户实施替代审计程序。替代审计结果：

1. 审计"应收账款——白云商场"余额194 197元的支持性凭证，检查2011年11月10日转字123号记账凭证，未付任何原始凭证，其账务处理如下：

借：应收账款——白云商场　　　　　　　　　　　　194 197
　　贷：主营业务收入　　　　　　　　　　　　　　　　　194 197

经审计查明，企业没有销售产品给白云商场，虚列主营业务收入和应收账款是企业为了虚增利润，粉饰财务报表而有意为之。

2. 经审计核查期后的银行进账单和银行收款凭证，2012年12月15日转字87号凭证应收国贸公司货款374 400元，已于2013年1月18日收回。2012年末应收国贸公司货款余额正确。

2013年1月22日，编制审计工作底稿——应收账款替代测试表（4104-6）。

五、实施"检查应收账款是否按照企业会计准则的规定恰当列报"程序

汇总应收账款的审计结果，对应收账款予以审定。

2013年1月22日，编制工作底稿——应收账款审定表（4104-1）。

实训项目2 资产审计

应收账款明细表

被审计单位：				索引号：4104－2				
项目：	应收账款明细表			截止日：				
编制：				复核：				
日期：	年 月 日			日期：	年 月 日			
单位名称（项目）	期末余额			账龄				备注
	原币	汇率	折合人民币	1年以内	1～2年	2～3年	3年以上	
一、关联方								
小计	—	—	—	—	—	—	—	
二、非关联方								
小计	—		—	—	—	—	—	
合计	—		—	—	—	—	—	
审计说明：								

一、积极式询证函

询证函

编号：4104-3

　　　　　　公司：

　　本公司聘请的　　　　　会计师事务所正在对本公司　　　年度财务报表进行审计，按照中国注册会计师审计准则的要求，应当询证本公司与贵公司的往来账项等事项。下列信息出自本公司账簿记录，如与贵公司记录相符，请在本函下端"信息证明无误"处签章证明；如有不符，请在"信息不符"处列明不符项目。如存在与本公司有关的未列入本函的其他项目，也请在"信息不符"处列出这些项目的金额及详细资料。回函请直接寄至　　　　　　会计师事务所。

回函地址：　　　　　　　　　　　邮编：

电话：　　　　　传真：　　　　　联系人：

1. 本公司与贵公司的往来账项列示如下：

单位：元

截止日期	贵公司欠本公司	本公司欠贵公司	备注
年12月31日			

2. 其他事项。

　　本函仅为复核账目之用，并非催款结算。若款项在上述日期之后已经付清，仍请及时函复为盼。

（被审计单位盖章）
年　月　日

结论：

1. 信息证明无误。	2. 信息不符，请列明不符项目及具体内容。
（被询证单位盖章） 年　月　日 经办人：	（被询证单位盖章） 年　月　日 经办人：

实训项目2　资产审计

询证函

编号：4104-3

　　　　　　公司：

　　本公司聘请的　　　　会计师事务所正在对本公司　　年度财务报表进行审计，按照中国注册会计师审计准则的要求，应当询证本公司与贵公司的往来账项等事项。下列信息出自本公司账簿记录，如与贵公司记录相符，请在本函下端"信息证明无误"处签章证明；如有不符，请在"信息不符"处列明不符项目。如存在与本公司有关的未列入本函的其他项目，也请在"信息不符"处列出这些项目的金额及详细资料。回函请直接寄至　　　　　　会计师事务所。

回函地址：　　　　　　　　　　　邮编：

电话：　　　　　　传真：　　　　　　联系人：

1. 本公司与贵公司的往来账项列示如下：

单位：元

截止日期	贵公司欠本公司	本公司欠贵公司	备注
年12月31日			

2. 其他事项。

　　本函仅为复核账目之用，并非催款结算。若款项在上述日期之后已经付清，仍请及时函复为盼。

（被审计单位盖章）

年　月　日

结论：

2. 信息证明无误。	2. 信息不符，请列明不符项目及具体内容。
（被询证单位盖章） 年　月　日 经办人：	（被询证单位盖章） 年　月　日 经办人：

询证函

编号：4104-3

_____公司：

  本公司聘请的_____会计师事务所正在对本公司_____年度财务报表进行审计，按照中国注册会计师审计准则的要求，应当询证本公司与贵公司的往来账项等事项。下列信息出自本公司账簿记录，如与贵公司记录相符，请在本函下端"信息证明无误"处签章证明；如有不符，请在"信息不符"处列明不符项目。如存在与本公司有关的未列入本函的其他项目，也请在"信息不符"处列出这些项目的金额及详细资料。回函请直接寄至_____会计师事务所。

回函地址：   邮编：

电话：   传真：   联系人：

1. 本公司与贵公司的往来账项列示如下：

单位：元

截止日期	贵公司欠本公司	本公司欠贵公司	备注
年12月31日			

2. 其他事项。

  本函仅为复核账目之用，并非催款结算。若款项在上述日期之后已经付清，仍请及时函复为盼。

（被审计单位盖章）

年　月　日

结论：

3. 信息证明无误。	2. 信息不符，请列明不符项目及具体内容。
（被询证单位盖章） 年　月　日 经办人：	（被询证单位盖章） 年　月　日 经办人：

实训项目 2　资产审计

询证函

编号：4104-3

　　　　　公司：
　　本公司聘请的　　　　　会计师事务所正在对本公司　　　年度财务报表进行审计，按照中国注册会计师审计准则的要求，应当询证本公司与贵公司的往来账项等事项。下列信息出自本公司账簿记录，如与贵公司记录相符，请在本函下端"信息证明无误"处签章证明；如有不符，请在"信息不符"处列明不符项目。如存在与本公司有关的未列入本函的其他项目，也请在"信息不符"处列出这些项目的金额及详细资料。回函请直接寄至　　　　　会计师事务所。

　　回函地址：　　　　　　　　　　　邮编：
　　电话：　　　　　传真：　　　　　联系人：

1. 本公司与贵公司的往来账项列示如下：

单位：元

截止日期	贵公司欠本公司	本公司欠贵公司	备注
年 12 月 31 日			

2. 其他事项。

　　本函仅为复核账目之用，并非催款结算。若款项在上述日期之后已经付清，仍请及时函复为盼。

（被审计单位盖章）
年　月　日

　　结论：

4. 信息证明无误。	2. 信息不符，请列明不符项目及具体内容。
（被询证单位盖章） 年　月　日 经办人：	（被询证单位盖章） 年　月　日 经办人：

询证函

编号：4104-3

_____公司：

　　本公司聘请的_____会计师事务所正在对本公司_____年度财务报表进行审计，按照中国注册会计师审计准则的要求，应当询证本公司与贵公司的往来账项等事项。下列信息出自本公司账簿记录，如与贵公司记录相符，请在本函下端"信息证明无误"处签章证明；如有不符，请在"信息不符"处列明不符项目。如存在与本公司有关的未列入本函的其他项目，也请在"信息不符"处列出这些项目的金额及详细资料。回函请直接寄至_____会计师事务所。

　　回函地址：　　　　　　　　　　　　邮编：

　　电话：　　　　　传真：　　　　　联系人：

1. 本公司与贵公司的往来账项列示如下：

单位：元

截止日期	贵公司欠本公司	本公司欠贵公司	备注
年12月31日			

2. 其他事项。

　　本函仅为复核账目之用，并非催款结算。若款项在上述日期之后已经付清，仍请及时函复为盼。

（被审计单位盖章）

年　月　日

　　结论：

5. 信息证明无误。	2. 信息不符，请列明不符项目及具体内容。
（被询证单位盖章） 年　月　日 经办人：	（被询证单位盖章） 年　月　日 经办人：

实训项目 2　资产审计

询证函

编号：4104-3

　　　　　公司：

　　本公司聘请的　　　　会计师事务所正在对本公司　　年度财务报表进行审计，按照中国注册会计师审计准则的要求，应当询证本公司与贵公司的往来账项等事项。下列信息出自本公司账簿记录，如与贵公司记录相符，请在本函下端"信息证明无误"处签章证明；如有不符，请在"信息不符"处列明不符项目。如存在与本公司有关的未列入本函的其他项目，也请在"信息不符"处列出这些项目的金额及详细资料。回函请直接寄至　　　　　　会计师事务所。

　　回函地址：　　　　　　　　　　邮编：
　　电话：　　　　　传真：　　　　联系人：

1. 本公司与贵公司的往来账项列示如下：

单位：元

截止日期	贵公司欠本公司	本公司欠贵公司	备注
年 12 月 31 日			

2. 其他事项。

　　本函仅为复核账目之用，并非催款结算。若款项在上述日期之后已经付清，仍请及时函复为盼。

（被审计单位盖章）
年　月　日

结论：

6. 信息证明无误。	2. 信息不符，请列明不符项目及具体内容。
（被询证单位盖章） 年　月　日 经办人：	（被询证单位盖章） 年　月　日 经办人：

应收账款函证结果汇总表

被审计单位：						索引号：4104－4				
项目：应收账款函证结果汇总表						截止日：				
编制：						复核：				
日期：　年　月　日						日期：　年　月　日				
单位名称＼项目	询证函编号	函证方式	函证日期		回函日期	账面金额	回函金额	调节后是否存在差异	调节表索引号
			第一次	第二次					

审计说明：

· 50 ·

实训项目2 资产审计

应收账款函证结果调节表

被审计单位：			索引号：4104-5	
项目：应收账款函证结果调节表			截止日：	
编制：			复核：	
日期：			日期：	
被询证单位：			回函日期：	
项目			金额	
一、被询证单位回函余额				
减：被审计单位未记录、被询证单位已记录的项目				
（按经济事项内容列出的明细如下）				
	日期	凭证号	经济事项内容（摘要）	
1				
2				
3				
		合计		—
加：被询证单位未记录、被审计单位已记录的项目				
	日期	凭证号	经济事项内容（摘要）	金额
1				
2				
3				
……				
		合计		—
二、调节后金额				—
三、被审计单位账面金额				
四、调节后是否存在差异，差异金额				
审计说明：				

应收账款替代测试表

被审计单位：			索引号：4104-6	
项目：	应收账款替代测试表		截止日：	
编制：			复核：	
日期：	年 月 日		日期：	年 月 日

一、资产负债表日前借方金额检查

单位名称	期末余额	测试内容				占余额比例(%)[1]	检查内容[2]			
		日期	凭证号	摘要	金额（元）		①	②	③	④

检查内容说明：①原始凭证是否齐全；②记账凭证与原始凭证是否相符；③账务处理是否正确；④是否记录于恰当的会计期间。

二、资产负债表日后的收款检查

单位名称	期末余额	测试内容				占余额比例(%)	检查内容（用"√"、"×"表示）[3]			
		日期	凭证号	摘要	金额（元）		①	②	③	④

检查内容说明：①原始凭证是否齐全；②记账凭证与原始凭证是否相符；③账务处理是否正确；④是否记录于恰当的会计期间。

审计说明：

注：①根据替代测试的审计目标，替代测试金额应能够涵盖该单位期末余额，即占余额比例不低于100%；一般不需要对贷方发生额进行替代测试。
②根据审计目标，检查内容主要包括支持被审计单位取得向被询证单位收取款项权力的审计证据，如销售发票、出库单、被询证单位签收单或验收单等，并关注上述单据的日期。
③根据审计目标，检查内容主要包括支持被询证单位已于期后支付询证款项的审计证据，如银行进账单等。

实训项目2 资产审计

应收账款审定表

被审计单位：					索引号：		4104-1	
项目：应收账款审定表					截止日：			
编制：					复核：			
日期： 年 月 日					日期： 年 月 日			

项目名称	期末未审数	账项调整		重分类调整		期末审定数	上期末审定数	索引号
		借方	贷方	借方	贷方			
一、账面余额合计	—						—	
1年以内								
1到2年								
2到3年								
3年以上								
二、坏账准备合计	—						—	
三、账面价值合计	—						—	
1年以内	—						—	
1到2年	—						—	
2到3年	—						—	
3年以上	—						—	
审计结论：								

2.3 存货的审计

实训评分

实训目的：能选择存货审计的实质性程序，运用职业判断，实施存货审计。
实训要求：对广州天马服装有限公司存货进行审计，选择并实施实质性程序，编制工作底稿。
实训步骤：1. 老师讲授存货审计的实质性程序、审计要点及操作要点。
2. 实施存货的实质性程序；编制工作底稿。
3. 审计小组进行复核。
实训内容：对广州天马服装有限公司存货进行审计，编制工作底稿。
1. 实施"取得或编制存货明细表"程序。
2. 实施"存货抽盘"程序。
3. 实施"存货计价测试"程序。
4. 检查存货是否正确列报，审定存货。

实训时间：　　　　　　　　　　　　　**实训地点**：

广州天马服装有限公司 2012 年 12 月 31 日存货的明细账、总账、报表余额

单位：元

	2012 年 12 月 31 日余额
资产负债表"存货"项目余额	748 358
库存商品总账余额	345 934
原材料科目总账余额	402 424
其中：主要材料余额	308 318
辅助材料余额	94 106

一、实施"获取或编制存货明细表"审计程序

审计人员向企业取得以下存货明细表：

2012 年 12 月 31 日库存商品明细账余额

名称	单位	数量	单价（元）	金额（元）	备注
男衬衫	件	700	37.67	26 369	
女衬衫	件	595	33.60	19 992	
西服	套	1 946	142.92	278 122	
工作服	件	510	42.06	21 451	
合计				345 934	

实训项目 2 资产审计

2012 年 12 月 31 日原材料明细账余额

类别	名称	单位	数量	单价（元）	金额（元）
主要材料	棉涤良	米	1 655	9.25	15 308
	驼丝呢	米	5 710	29.85	170 444
	美丽绸	米	9 535	5.35	51 013
	仕春纱	米	1 266	11.98	15 167
	全棉牛仔	米	6 149	9.17	56 386
主要材料	合计				308 318
辅助材料	黑线	团	1 055	4.89	5 160
	白线	团	241	14.56	3 509
	灰扣（小）	个	21 000	0.95	19 950
	灰扣（大）	个	42 000	1.12	47 040
	黑扣（大）	个	42 900	0.43	18 447
辅助材料	合计				94 106
原材料	总计				402 424

1. 2013 年 1 月 17 日，核对库存商品明细账加计是否正确；余额与总账是否相符。编制审计工作底稿——主要存货（库存商品）明细表（索引号 4109-2-1）。
2. 2013 年 1 月 17 日，核对原材料明细账加计是否正确；余额与总账是否相符。编制审计工作底稿——主要存货（原材料）明细表（索引号 4109-2-2）。
核对原材料与库存商品余额之和与资产负债表"存货"项目是否相符。

二、实施"存货抽盘"程序

对存货进行抽查盘点：

1. 2013 年 1 月 17 日上班时，审计组对库存商品进行了抽查盘点。抽盘情况：

名称	单位	2013 年 1 月 17 日抽盘数量	2013.1.1~1.16 入库数量	2013.1.1~1.16 发出数量	2012.12.31 账面数量
男衬衫	件	1 100	2 500	2 100	700
女衬衫	件	2 495	1 500	1 600	595
西服	套	2 446	3 000	2 500	1 946
工作服	件	1 010	4 500	4 000	510

经审计追查，女衬衫库存账实不符的原因为：2012 年 12 月 28 日与国贸公司签订女衬衫销售合同，但女衬衫尚未销售发货，会计人员已结转销售成本（每套成本单价 33.60 元），提请企业调整账务。

2013 年 1 月 17 日，编制审计工作底稿——存货（库存商品）抽盘核对表（4109-7-1）。

2. 2013 年 1 月 17 日，审计组对原材料进行了抽查盘点。抽盘情况如下：

名称	单位	2013年1月17日抽盘数量	2013.1.1～1.16入库数量	2013.1.1～1.16发出数量
驼丝呢	米	8 260	10 000	7 450
美丽绸	米	12 085	10 000	7 450
全棉牛仔	米	6 349	10 000	9 800
黑线	团	1 530	1 000	525
灰扣（大）	个	54 000	50 000	28 000

经审计追查，灰扣（大）库存账实不符的原因为：2012年12月仓库保管人员张铁监守自盗，私自偷拿灰扣（大）转卖给他人。审计告知企业处理，令张铁退出全部赃款。提请企业调整账务。灰扣（大）库存不含税单价1.12元。

2013年1月17日，编制审计工作底稿——存货（原材料）抽盘核对表（4109-7-2）。

三、实施"存货计价方法的测试"程序

广州天马服装有限公司发出库存商品按先进先出法计价。2013年1月17日审计抽查测试了2012年12月库存商品——西服发出成本的计价。

2012年12月库存商品——西服明细账

2012	号	摘要	增加 数量	增加 单价（元）	增加 金额（元）	减少 数量	减少 单价（元）	减少 金额（元）	结存 数量	结存 单价（元）	结存 金额（元）
12.1		期初余额							1 000	173.80	173 802
12.8		入库	2 000	160	320 000				3 000	164.60	493 802
12.15		销售发出				2 000	164.60	329 200	1 000		164 602
12.20		入库	3 946	120	473 520				4 946		638 122
12.28		销售发出				3 000	120	360 000	1 946	142.92	278 122

请按先进先出计价法重新计算西服期末结存成本发出西服成本的差异

2012	号	摘要	增加 数量	增加 单价（元）	增加 金额（元）	减少 数量	减少 单价（元）	减少 金额（元）	结存 数量	结存 单价（元）	结存 金额（元）
12.1		期初余额							1 000	173.80	173 802
12.8		入库	2 000	160	320 000				3 000	164.60	493 802
12.15		销售发出				2 000			1 000		
12.20		入库	3 946	120	473 520				4 946		
12.28		销售发出				3 000			1 946		

2013年1月17日，对审计测试的西服库存成本及销售成本的差异，提出账务调整建议。编制审计工作底稿——存货计价测试表（索引号4109-9）。

四、实施"检查存货是否按照企业会计准则的规定恰当列报"程序

根据以上对存货的审计情况，对存货予以审定。作出审计结论。

2013年1月17日，编制审计工作底稿——存货审定表（索引号4109-1）。

实训项目 2 资产审计

主要存货（　　）明细表

被审计单位：				索引号：	4109－2	
项目：				截止日：		
编制：				复核：		
日期： 年 月 日				日期： 年 月 日		
类别	名称及规格	计量单位	数量	单价	金额	备注
					—	
					—	
					—	
					—	
					—	
					—	
					—	
					—	
					—	
					—	
					—	
合计					—	

编制说明：本表是对　　中"期末余额"栏按数量金额格式的进一步列示。

审计说明：

主要存货（　　）明细表

被审计单位：				索引号：	4109-2	
项目：				截止日：		
编制：				复核：		
日期：　年　月　日				日期：　年　月　日		

类别	名称及规格	计量单位	数量	单价	金额	备注
					—	
					—	
					—	
					—	
					—	
					—	
					—	
					—	
					—	
					—	
					—	
					—	
					—	
					—	
合计					—	

编制说明：本表是对　　中"期末余额"栏按数量金额格式的进一步列示。

审计说明：

实训项目 2 资产审计

存货抽盘核对表（适用于抽盘日不是资产负债表日）

被审计单位：		索引号：	4109-7
项目：		截止日：	
编制：		复核：	
日期： 年 月 日		日期： 年 月 日	

一、资产负债表日前抽盘核对表

序号	品名及规格	单位	抽盘日实存数量	加：抽盘日至资产负债表日入库数量	减：抽盘日至资产负债表日发出数量	资产负债表日实存数量	资产负债表日账面数量	差异	原因分析
						—		—	
						—		—	
						—		—	

二、资产负债表日后抽盘核对表

序号	品名及规格	单位	抽盘日实存数量	加：资产负债表日至抽盘日发出数量	减：资产负债表日至抽盘日入库数量	资产负债表日实存数量	资产负债表日账面数量	差异	原因分析
						—		—	
						—		—	
						—		—	

审计说明：

存货抽盘核对表（适用于抽盘日不是资产负债表日）

被审计单位：	索引号： 4109－7
项目：	截止日：
编制：	复核：
日期： 年 月 日	日期： 年 月 日

一、资产负债表日前抽盘核对表

序号	品名及规格	单位	抽盘日实存数量	加：抽盘日至资产负债表日入库数量	减：抽盘日至资产负债表日发出数量	资产负债表日实存数量	资产负债表日账面数量	差异	原因分析
						—	—		
						—	—		
						—	—		

二、资产负债表日后抽盘核对表

序号	品名及规格	单位	抽盘日实存数量	加：资产负债表日至抽盘日发出数量	减：资产负债表日至抽盘日入库数量	资产负债表日实存数量	资产负债表日账面数量	差异	原因分析
						—	—		
						—	—		
						—	—		

审计说明：

实训项目 2　资产审计

存货计价测试表

被审计单位：		索引号：	4109-9
项目：		截止日：	
编制：	日期	复核：	日期

品名及规格：

月份	本期增加			本期减少（计价方法：　　）			结存		
	数量	单价	金额	数量	单价	金额	数量	单价	金额
期初数							—	—	—
1月						—			—
2月						—			—
3月						—			—
4月						—			—
5月						—			—
6月						—			—
7月						—			—
8月						—			—
9月						—			—
10月						—			—
11月						—			—
12月						—			—
合计	—		—	—					

注：本表适用于原材料、库存商品、发出商品等。

审计说明：

存货审定表

被审计单位：						索引号：4109-1		
项目：						截止日：		
编制：						复核：		
日期：年 月 日						日期：年 月 日		

存货项目	期末未审数	账项调整 借方	账项调整 贷方	重分类调整 借方	重分类调整 贷方	期末审定数	上期末审定数	索引号
存货账面余额							—	
原材料							—	
库存商品							—	
……							—	
合计	—	—	—	—	—	—	—	
存货跌价准备							—	
原材料							—	
库存商品							—	
……							—	
合计	—	—	—	—	—	—	—	
存货账面价值							—	
原材料							—	
库存商品							—	
……							—	
合计	—	—	—	—	—	—	—	

审计结论：

2.4 预付账款的审计

实训评分

实训目的： 能选择预付账款审计的实质性程序，运用职业判断，实施预付账款审计。
实训要求： 根据实训资料，对广州天马服装有限公司预付账款进行审计。
实训步骤： 1. 老师讲授预付账款的审计要点、实质性程序及操作要点。
　　　　　　 2. 实施预付账款的实质性程序；编制工作底稿。
　　　　　　 3. 审计小组进行复核。
实训内容： 对广州天马服装有限公司预付账款进行审计，编制工作底稿。
　　　　　　 1. 实施"取得或编制预付账款明细表"程序。
　　　　　　 2. 检查预付账款是否正确列报，审定预付账款。
实训时间：　　　　　　　　　　　　　　　　　　**实训地点：**

一、实施"获取或编制预付账款明细表（含账龄分析）"程序

2013年1月18日，审计人员向企业取得2012年12月31日预付账款余额情况。

单位：元

2012年12月31日资产负债表中"预付账款"余额	120 000
2012年12月31日预付账款总账余额	借120 000
明细账余额：预付账款——南海纺织公司（非关联方） 备注：预付账款发生时间和内容	借120 000 2012年12月25日银付153号凭证付购原材料款

1. "预付账款——南海纺织公司"借方余额120 000元，同时检查"应付账款——南海纺织公司"账户的贷方余额也是120 000元；经检查原始凭证及相关合同，确认2012年12月25日银付153号凭证所记载的转账支付的120 000元，不是预付南海纺织公司的购材料款，而是支付给南海纺织公司的应付账款，是会计人员业务不熟造成的财务处理错误。审计建议进行重分类调整。

2. 在审计"应付账款"时，对"应付账款——中山辅料厂"借方余额260 000元，经检查会计凭证及购货合同，实际是预付中山辅料厂购材料的预付款，属重分类错误。审计建议调整账务，进行重分类调整（或引用应付账款审计相关工作底稿的索引号）。

2013年1月18日，编制审计工作底稿——预付账款明细表（索引号4105-2）。

二、检查预付账款是否正确列报，审定预付账款期末余额

2013年1月18日，编制审计工作底稿——预付账款审定表（索引号4105-1）。

预付账款明细表

被审计单位：				索引号：		4105-2		
项目：预付账款明细表				截止日：				
编制：				复核：				
日期：	年 月 日			日期：		年 月 日		

单位名称（项目）	期末余额			账龄				备注
	原币	汇率	折合人民币	1年以内	1~2年	2~3年	3年以上	
一、关联方								
			—					
小计			—	—	—	—	—	
二、非关联方								
			—					
			—					
			—					
小计			—	—	—	—	—	
合计			—	—	—	—	—	

审计说明：

实训项目2 资产审计

预付账款审定表

被审计单位：				索引号：		4105－1		
项目：预付账款审定表				截止日：				
编制：				复核：				
日期： 年 月 日				日期：		年 月 日		

项目	期末未审数	账项调整		重分类调整		期末审定数	上期末审定数	索引号
		借方	贷方	借方	贷方			
一、账面余额合计								
1年以内							—	
1到2年							—	
2到3年							—	
3年以上							—	
二、坏账准备合计								
1年以内								
1到2年								
2到3年								
3年以上								
三、账面价值合计								
1年以内								
1到2年								
2到3年								
3年以上								
合计	—					—	—	

审计结论：

2.5 其他应收款的审计

实训评分

实训目的： 能选择其他应收款审计的实质性程序，运用职业判断，实施其他应收款审计。

实训要求： 根据实训资料，选择并实施实质性程序，对广州天马服装有限公司其他应收款进行审计，编制工作底稿。

实训步骤： 1. 老师讲授其他应收款的审计要点、实质性程序及操作要点。
2. 实施其他应收款的实质性程序；编制工作底稿。
3. 审计小组进行复核。

实训内容： 对广州天马服装有限公司其他应收款进行审计，编制工作底稿。
1. 实施"取得或编制其他应收款明细表"程序。
2. 实施其他应收款函证程序。
3. 实施其他应收款替代审计程序。
4. 检查其他应收款是否正确列报，审定其他应收款。

实训时间：   **实训地点：**

一、实施"获取或编制其他应收款明细表"程序

单位：元

2012 年 12 月 31 日资产负债表中"其他应收账款"余额	68 000
2012 年 12 月 31 日其他应收账款总账余额	68 000

审计人员向企业取得 2012 年 12 月 31 日其他应收款明细账余额

其他应收款明细账户	2012 年 12 月 31 日余额	其他应收款内容、发生时间
赵四海	借：50 000 元	2012 年 12 月借支差旅费
代垫职工水电费	借：18 000 元	2012 年 12 月代垫职工水电费

1. 经对以上两个明细账户的审计，未发现异常情况。
2. 引用货币资金、存货审计工作底稿中涉及管理费用的其他应收款的账务调整的会计分录，作为对其他应收款账项调整的记录。

2013 年 1 月 18 日，编制审计工作底稿——其他应收款明细表（索引号 4108-2）。

二、实施"检查其他应收款是否按照企业会计准则的规定恰当列报"程序

2013 年 1 月 18 日，编制审计工作底稿——其他应收款审定表（索引号 4108-1）。

实训项目 2　资产审计

其他应收账款明细表

被审计单位：				索引号：		4108-2	
项目：其他应收账款明细表				截止日：			
编制：				复核：			
日期：	年　月　日			日期：		年　月　日	

单位名称（项目）	期末余额			账龄				性质或内容
	原币	汇率	折合人民币	1年以内	1~2年	2~3年	3年以上	
一、关联方								
小计								
二、非关联方								
小计								
合计				—	—	—	—	
审计说明：								

其他应收款审定表

被审计单位:				索引号:		4108-1	
项目：其他应收款审定表				截止日:			
编制:				复核:			
日期: 年 月 日				日期:		年 月 日	

项目	期末未审数	账项调整		重分类调整		期末审定数	上期末审定数	索引号
		借方	贷方	借方	贷方			
一、账面余额合计								
1年以内								
1到2年								
2到3年								
3年以上								
二、坏账准备合计								
1年以内								
1到2年								
2到3年								
3年以上								
……								
三、账面价值合计								
1年以内								
1到2年								
2到3年								
3年以上								
……								
审计结论:								

实训项目 3 负债审计

3.1 应付账款的审计

实训评分

实训目的： 能选择应付账款审计的实质性程序，运用职业判断，实施应付账款审计。

实训要求： 根据实训资料，选择并实施实质性程序，对广州天马服装有限公司应付账款进行审计，编制工作底稿。

实训步骤： 1. 老师讲授应付账款的审计要点、实质性程序及操作要点。
　　　　　　2. 实施应付账款的实质性程序；编制工作底稿。
　　　　　　3. 审计小组进行复核。

实训内容： 对广州天马服装有限公司应付账款进行审计，编制工作底稿。
　　　　　　1. 实施"取得或编制应付账款明细表"程序。
　　　　　　2. 实施"检查应付账款长期挂账的原因"程序。
　　　　　　3. 实施"检查债务形成的相关原始凭证"程序。
　　　　　　4. 检查应付账款是否正确列报，审定应付账款。

实训时间：　　　　　　　　　　　　　　　**实训地点：**

广州天马服装有限公司 2012 年 12 月 31 日应付账款余额　　　　　单位：元

2012 年 12 月 31 日资产负债表中"应付账款"余额	360 223
2012 年 12 月 31 日应付账款总账余额	360 223

一、实施"获取或编制应付账款余额明细表"程序

审计人员向企业取得的 2012 年 12 月 31 日应付账款明细余额表（含账龄分析）（非关联方）

单位：元

应付账款明细账户	2012 年 12 月 31 日余额	应付账款内容、发生时间
顺德纺织厂	贷 118 040	上年结转（2009 年 8 月 21 日转 76 号凭证）
白云塑料制品厂	贷 4 000	2012 年 10 月购塑料袋
西樵纺织厂	贷 138 533	2011 年 11 月 29 日转 82 号凭证购布料
长青纺织厂	贷 234 000	2012 年 12 月 18 日转 119 号凭证收款
得利纽扣厂	贷 5 650	2012 年 12 月购纽扣
南海纺织厂	贷 120 000	2012 年 11 月 22 日转 115 号凭证购布料
中山辅料厂	借 260 000	2012 年 12 月 21 日转 158 号凭证预付辅料款
合计	贷 360 223	

客户名称	期末余额	1年以内	1~2年	2~3年	3年以上	备注
顺德纺织厂	贷 118 040			贷 118 040		
白云塑料制品厂	贷 4 000	贷 4 000				
西樵纺织厂	贷 138 533		贷 138 533			
长青纺织厂	贷 234 000	贷 234 000				
得利纽扣厂	贷 5 650	贷 5 650				
南海纺织厂	贷 120 000	贷 120 000				
中山辅料厂	借 260 000	借 260 000				
合计	贷 360 223	贷 103 650	贷 138 533	贷 118 040		

1. 复核应付账款明细表余额账账、账表是否相符；账龄是否正确。
2. 引用货币资金审计工作底稿上提请企业调整账务，涉及应付账款的会计分录及工作底稿索引号，作为应付账款账项调整的记录。
3. 分析有借方余额的项目。"应付账款——中山辅料厂借方余额 260 000 元"，经检查 2012 年 12 月转 158 号记账凭证及原始凭证、购货合同，查明实际为预付中山辅料厂的材料款。提请被审计单位进行重分类调整（或引用预付账款审计涉及应付账款账务调整会计分录及工作底稿的索引号）。
4. "应付账款——南海纺织公司"余额贷 120 000 元，同时检查"预付账款——南海纺织公司"余额为借 120 000 元；经检查原始凭证及相关合同，确认 2012 年 12 月 25 日银付 153 号凭证所记载的转账支付的 120 000 元，不是预付的购材料款，而是支付给南海纺织公司的应付账款，是会计人员业务不熟造成的财务处理错误。审计建议调整账务（或引用预付账款审计涉及应付账款账务调整会计分录及工作底稿的索引号）。
5. 标识重要账户两个（标识△）：顺德纺织厂、长青纺织厂。

2013 年 1 月 18 日，编制审计工作底稿——应付账款明细表（索引号 4204-2）。

二、实施"检查应付账款长期挂账的原因"的审计程序

对 2009 年 8 月挂账的应付顺德纺织厂 118 040 元，经审计相关原始凭证，该笔应付账款贷方余额 118 040 元是真实的；其长期挂账的原因是债权单位石家庄纺织厂已撤销，无法支付。审计提请企业调整账务，转为营业外收入。

2013 年 1 月 18 日，编制应付账款检查情况表（索引号 4204-4-1）。

三、实施"检查债务形成的相关原始凭证"程序

检查了重点账户——长青纺织厂的供应商发票、验收报告、入库单等原始凭证。检查结果：2012 年 12 月 18 日转 119 号凭证，所附的原始凭证为一份银行进账单，银行进账单的内容为收销售服装款。账务处理为：

借：银行存款　　　　　　　　　　　　　　　　　　　　　　　234 000
　　贷：应付账款——长青纺织厂　　　　　　　　　　　　　　　234 000

经审计追查，企业才拿出了销售服装发票的记账联。（这批销售的服装销售成本已结转）。指出会计处理中的问题，提请企业调整账务。

2013 年 1 月 18 日，编制应付账款检查情况表（4204-4-2）。

四、实施"检查应付账款是否按照企业会计准则的规定恰当列报"程序，审定应付账款

2013 年 1 月 18 日，编制审计工作底稿——应收账款审定表（索引号 4104-1）。

实训项目3 负债审计

应付账款明细表

被审计单位：				索引号：4204-2			
项目：应付账款				截止日：			
编制：	日期：			复核：		日期：	

单位名称（项目）	期末余额			账龄				备注
	原币	汇率	折合人民币	1年以内	1~2年	2~3年	3年以上	
一、关联方								
小计								
二、非关联方								
小计								
合计								

审计说明：

应付账款检查情况表

被审计单位				索引号：4204-4					
项目：	应付账款			截止日：					
编制：				复核：					
日期：				日期：					

记账日期	凭证编号	业务内容	对应科目	金额	核对内容（用"√"、"×"表示）					备注
					1	2	3	4	5	

核对内容说明：①原始凭证是否齐全；②记账凭证与原始凭证是否相符；③账务处理是否正确；④是否记录于恰当的会计期间；⑤……

审计说明：

实训项目3 负债审计

应付账款检查情况表

被审计单位				索引号：4204-4				
项目：	应付账款			截止日：				
编制：				复核：				
日期：				日期：				

记账日期	凭证编号	业务内容	对应科目	金额	核对内容（用"√"、"×"表示）					备注
					1	2	3	4	5	

核对内容说明：①原始凭证是否齐全；②记账凭证与原始凭证是否相符；③账务处理是否正确；④是否记录于恰当的会计期间；⑤……

审计说明：

应付账款审定表

被审计单位:	索引号: 4204-1
项目: 应付账款	截止日:
编制:	复核:
日期:	日期:

项目名称	期末未审数	账项调整 借方	账项调整 贷方	重分类调整 借方	重分类调整 贷方	期末审定数	上期末审定数	索引号
一、关联方								
小计								
二、非关联方								
小计								
合计								

审计结论:

实训项目3 负债审计

3.2 预收账款的审计

实训评分

实训目的： 能选择预收账款审计的实质性程序，运用职业判断，实施预收账款审计。

实训要求： 根据实训资料，对广州天马服装有限公司预收账款进行审计，编制工作底稿。

实训步骤： 1. 老师讲授预收账款的审计要点、实质性程序及操作要点。

2. 实施预收账款的实质性程序；编制工作底稿。

3. 审计小组进行复核。

实训内容： 对广州天马服装有限公司预收账款进行审计，编制工作底稿。

实训地点：

广州天马服装有限公司 2012 年 12 月 31 日预收账款余额

2012 年 12 月 31 日资产负债表中"预收账款"余额	0
2012 年 12 月 31 日预收账款总账余额	0

引用应收账款审计工作底稿中账务调整涉及"预收账款"的会计分录及工作底稿索引号，作为对预收账款账项调整的记录。

2013 年 11 月 18 日，编制审计工作底稿——预收账款审定表（索引号：4205-1）。

预收账款审定表

被审计单位：						索引号：4205-1		
项目：预收账款						截止日：		
编制：						复核：		
日期：						日期：		

项目名称	期末未审数	账项调整		重分类调整		期末审定数	上期末审定数	索引号
		借方	贷方	借方	贷方			
一、关联方								
小计								
二、非关联方								
小计								
合计								

审计结论：

3.3 其他应付款的审计

实训评分

实训目的：能选择其他应付款审计实质性程序，运用职业判断，实施其他应付账款审计。

实训要求：根据实训资料，选择并实施实质性程序，对广州天马服装有限公司其他应付款进行审计，编制工作底稿。

实训步骤：1. 老师讲授其他应付款的审计要点、实质性程序及操作要点。
　　　　　　2. 实施其他应付款的实质性程序；编制工作底稿。
　　　　　　3. 审计小组进行复核。

实训内容：对广州天马服装有限公司其他应付款进行审计，编制工作底稿。
　　　　　　1. 实施"取得或编制其他应付款明细表"程序。
　　　　　　2. 实施"检查其他应付款长期挂账的原因"程序。
　　　　　　3. 实施"检查债务形成的相关原始凭证"程序。
　　　　　　4. 检查其他应付款是否正确列报，审定应付账款。

实训地点：

广州天马服装有限公司 2012 年 12 月 31 日其他应付款余额　　　　单位：元

2012 年 12 月 31 日资产负债表中"其他应付款"余额	351 000
2012 年 12 月 31 日其他应付款总账余额	351 000

一、实施"获取或编制其他应付款余额明细表"程序

审计人员向企业取得 2012 年 12 月 31 日其他应付款的明细账余额（非关联方）　　单位：元

其他应付账款明细账户	2012 年 12 月 31 日余额	其他应付账款内容、发生时间
顺德金属公司	贷 117 000	2012 年 8 月 21 日银收 76 号凭证收款
长江公司	贷 224 000	2012 年 10 月 19 日银收 113 号凭证收款
包装物押金	贷 10 000	2012 年 12 月 20 日银收 113 号凭证收款
合计	贷 351 000	

1. 检查其他应付款是否账账相符、账表相符。
2. 判断调查异常余额或与本项目核算无关的其他款项；标示重要明细项目（标识△）：顺德金属公司、长江公司；拟对这两个账户进行重点检查。

2013 年 1 月 19 日，编制工作底稿——其他应付款明细表（4210 - 2）。

二、实施"判断选择金额较大和异常的明细余额，检查原始凭证"程序

1. 检查 2012 年 8 月 21 日银收 76 号凭证，会计分录为：

借：银行存款　　　　　　　　　　　　　　　　　　　　　　　　117 000
　　贷：其他应付款——顺德金属公司　　　　　　　　　　　　　　　117 000

所附原始凭证为一份顺德金属公司汇来的信汇收款凭证，汇款内容为材料款。经审计查明，为销售加工产品材料的边角余料。

2. 检查 2012 年 10 月 19 日银收 113 号凭证收款，收长江公司支付的来料加工费收入 234 000 元，通过银行转账收讫。收款凭证的会计处理为：

借：银行存款　　　　　　　　　　　　　　　　　　　　　　　　224 000
　　贷：其他应付款——长江公司　　　　　　　　　　　　　　　　　224 000

2013 年 11 月 19 日，根据对以上经济业务审计中发现的问题及账务调整意见：

编制工作底稿——其他应付款替代测试检查表（索引号 4210-3）。

三、实施"检查其他应付款是否按照企业会计准则的规定恰当列报"程序

2013 年 11 月 19 日，审定其他应付款的期末余额；编制审计工作底稿——其他应付款审定表（索引号 4210-1）。

实训项目 3　负债审计

其他应付款明细表

被审计单位：				索引号：4210-2				
项目：其他应付款				截止日：				
编制：				复核：				
日期：				日期：				

单位名称（项目）	期末余额			账龄				备注
	原币	汇率	折合人民币	1年以内	1~2年	2~3年	3年以上	
一、关联方：								
小计								
二、非关联方：								
小计								
合计								
审计说明：								

其他应付款替代测试检查表

被审计单位				索引号：		4210-3				
项目：其他应付款				截止日：						
编制：				复核：						
日期：				日期：						

一、资产负债表日前贷方金额检查

单位名称	期末余额	测试内容				占余额比例(%)①	检查内容②			
		日期	凭证号	摘要	金额（元）		①	②	③	④

检查内容说明：①原始凭证是否齐全；②记账凭证与原始凭证是否相符；③账务处理是否正确；④是否记录于恰当的会计期间。

二、资产负债表日后的付款检查

单位名称	期末余额	测试内容				占余额比例（%）	检查内容③			
		日期	凭证号	摘要	金额（元）		①	②	③	④

检查内容说明：①原始凭证是否齐全；②记账凭证与原始凭证是否相符；③账务处理是否正确；④是否记录于恰当的会计期间。

审计说明：

注：①根据替代测试的审计目标，替代测试金额应能够涵盖该单位期末余额，即占余额比例不低于100%；一般不需要对借方发生额进行替代测试。

②根据审计目标，检查内容主要包括支持被审计单位向被询证单位支付款项义务的审计程序。

③根据审计目标，检查内容主要包括支持已于期后向被询证单位支付询证款项的审计证据。

实训项目 3 负债审计

其他应付款审定表

被审计单位：	索引号：4210 - 1
项目：其他应账款	截止日：
编制：	复核：
日期：	日期：

项目名称	款项性质或内容	期末未审数	账项调整 借方	账项调整 贷方	重分类调整 借方	重分类调整 贷方	期末审定数	上期末审定数	索引号
一、关联方：									
小计									
二、非关联方：									
小计									
合计									

审计结论：

实训项目 4　损益审计

4.1　营业收入的审计

实训评分

实训目的： 能运用职业判断，实施营业收入审计的实质性程序。

实训要求： 根据实训资料，对广州天马服装有限公司营业收入进行审计，编制工作底稿。

实训步骤： 1. 老师讲授营业收入的审计要点、实质性程序及操作要点。

2. 实施营业收入审计的实质性程序；编制工作底稿。

3. 审计小组进行复核。

实训内容： 一、对广州天马服装有限公司营业收入进行审计，编制工作底稿。

1. 结合应付账款、其他应付款等项目的审计情况，审计营业收入。

2. 根据实训资料进行案例分析，提出账务调整建议。

3. 根据对营业收入审计的情况，编制工作底稿——营业收入审定表。

二、营业收入审计案例分析。

实训地点：

一、对广州天马服装有限公司营业收入进行审计，编制工作底稿

广州天马服装有限公司 2012 年营业收入分类情况表　　　　单位：元

主营业务收入		其他业务收入		合计
项目	金额	项目	金额	
服装销售收入	10 404 475	材料销售收入	313 960	××××××
加工收入	530 000	资产出租收入	156 000	××××××
合计	10 934 475	合计	469 960	11 404 435

（一）引用应付账款、应收账款、其他应付款的审计工作底稿中账务调整建议中涉及"营业收入"调整的会计分录及工作底稿索引号，作为营业收入账项调整的记录。

（二）2013 年 1 月 20 日，审计组对广州天马服装有限公司 2012 年 12 月 31 日为截止日实施主营业务截止性测试发现，2012 年 12 月 28 日从仓库发出西服 1 500 套，商品发运单的日期为 12 月 28 日，收货方是广百商场（西服不含税销售单价 400 元）。广州天马服装有限公司当时没有做会计处理，到 2013 年 1 月 3 日才开出销售发票并做销售的会计处理。

指出会计处理的问题，提出账务调整意见。（写在营业收入审定表上）

（三）2013 年 1 月 20 日，根据对以上经济业务审计中发现的问题及账务调整意见，以及在应付账款、应收账款、其他应付款审计中发现的涉及营业收入的问题：

编制审计工作底稿——营业收入审定表（索引号 4401－1）。

实训项目4　损益审计

主营业务收入审定表

被审计单位:				索引号：4401-1		
项目：				期间：		
编制：	日期：	年 月 日		复核：	日期： 年	月 日

项目类别	本期未审数	账项调整 借方	账项调整 贷方	本期审定数	上期审定数	索引号
一、主营业务收入						
小计						
二、其他业务收入						
小计						
营业收入合计						

审计结论：

主营业务收入审定表

被审计单位：				索引号：4401-1		
项目：				期间：		
编制：	日期： 年 月 日			复核：	日期： 年 月 日	

| 项目类别 | 本期未审数 | 账项调整 || 本期审定数 | 上期审定数 | 索引号 |
		借方	贷方			
一、主营业务收入						
小计						
二、其他业务收入						
小计						
营业收入合计						

审计结论：

二、营业收入审计案例分析

（一）2013 年 2 月，诚信会计师事务所在审查天成公司 2012 年度会计报表时，发现下列情况。请指出会计处理的问题，并提出账务调整意见。

1. 天成公司于 2012 年 12 月 29 日预收乙产品货款 240 000 元，会计人员根据 1 张 240 000 元的信汇收款通知单，做这样的会计处理：

借：银行存款　　　　　　　　　　　　　　　　240 000
　　贷：主营业务收入　　　　　　　　　　　　　　　240 000

会计处理的问题：

账务调整意见（调账会计分录）：

2. 在审计天成公司 2012 年主营业务收入中，发现该企业与长江公司签订了来料加工合同。合同中规定，加工费 600 000 元通过银行转账支付。审查该企业银行存款收款凭证时，发现其会计分录如下：

借：银行存款　　　　　　　　　　　　　　　　600 000
　　贷：其他应付款——长江公司　　　　　　　　　　600 000

会计处理的问题：

账务调整意见（调账会计分录）：

3. 通过对天成公司 2012 年 12 月 31 日为截止日实施主营业务截止性测试发现，2012 年 12 月 29 日开出销售发票，做如下会计处理为：

借：应收账款——A 公司　　　　　　　　　　　　　　　　3 800 000
　　贷：应交税费——应交增值税（销项税额）　　　　　　　　　552 137
　　　　主营业务收入　　　　　　　　　　　　　　　　　　3 247 863
借：主营业务成本　　　　　　　　　　　　　　　　　　　　1 269 000
　　贷：库存商品——A 产品　　　　　　　　　　　　　　　1 269 000

但到 2013 年 1 月 10 日，天成公司对此做了红字冲销分录。审计人员检查相关凭证，2012 年 12 月 29 日没有商品发运单；2013 年 1 月也没有销售退回等相关原始凭证。通过实施追加审计程序，确认 2012 年 12 月 29 日的这笔营业收入是虚构了收入。

会计处理的问题：

账务调整意见（调账会计分录）：

（二）审计人员在审查利发公司主营业务收入账户时，发现该企业 2012 年年末产品销售收入下滑幅度较大，据审计人员分析企业销售情况，怀疑该企业利用"应付账款"账户隐匿收入。审计人员认真审阅了 2012 年 10 月、11 月与 12 月的"应付账款"明细账；并分别将本市 3 家债务上升比较大的客户的有关记录进行了详细审查，发现以下账务处理：

借：银行存款　　　　　　　　　　　　　　　　　　　　　3 393 000
　　贷：应付账款——A 公司　　　　　　　　　　　　　　2 106 000
　　　　　　　　——B 公司　　　　　　　　　　　　　　　702 000
　　　　　　　　——C 公司　　　　　　　　　　　　　　　585 000

其所附的原始凭证均为银行进账单，以及分别向 3 家公司开具的购货发票。假定主营业务成本为主营业务收入的 70%。

会计处理的问题：

账务调整意见（调账会计分录）：

4.2 营业成本的审计

实训评分

实训目的： 能运用职业判断，实施营业成本审计的实质性程序。
实训要求： 根据实训资料，对广州天马服装有限公司营业成本进行审计，编制工作底稿。
实训步骤： 1. 老师讲授营业成本的审计要点、实质性程序及操作要点。
2. 实施营业成本审计的实质性程序；编制工作底稿。
3. 审计小组进行复核。
实训内容： 对广州天马服装有限公司营业成本进行审计，编制工作底稿。
1. 结合存货、营业收入等项目的审计情况，审计营业收入。
2. 根据对营业成本审计的情况，编制工作底稿——营业成本审定表。
实训时间：　　　　　　　　　　　　**实训地点：**

广州天马服装有限公司 2012 年营业成本分类情况表 单位：元

主营业务成本		其他业务成本		合计
项目	金额	项目	金额	
服装销售成本	6 713 311	材料销售成本	290 300	×
加工成本	386 500	资产出租成本	51 200	×
合计	7 099 811	合计	341 500	7 441 311

引用存货、营业收入的审计工作底稿中账务调整建议中涉及"营业成本"账务调整的会计分录及工作底稿索引号，作为营业成本账项调整的记录。

2013 年 1 月 21 日，编制审计工作底稿——营业成本审定表（索引号 4402 - 1）。

营业成本审定表

被审计单位：				索引号：4402－1		
项目：				期间：		
编制：				复核：		
日期： 年 月 日				日期： 年 月 日		

项目名称	本期未审数	账项调整 借方	账项调整 贷方	本期审定数	上期审定数	索引号
一、主营业务成本						
小计						
二、其他业务成本						
小计						
合计						

审计结论：

4.3 期间费用的审计

实训评分

实训目的： 能运用职业判断，实施期间费用审计的实质性程序。
实训要求： 根据实训资料，对广州天马服装有限公司期间费用进行审计。
实训步骤： 1. 老师讲授期间费用的审计要点、实质性程序及操作要点。
2. 实施期间费用审计的实质性程序；编制工作底稿。
3. 审计小组进行复核。
实训内容：
1. 对广州天马服装有限公司销售费用进行审计，编制工作底稿。
2. 对广州天马服装有限公司管理费用进行审计，编制工作底稿。
3. 对广州天马服装有限公司财务费用进行审计，编制工作底稿。

实训时间：   **实训地点：**

广州天马服装有限公司 2012 年度期间费用   单位：元

销售费用		管理费用		财务费用	
项目	金额	项目	金额	项目	金额
1. 专设销售机构职工薪酬		1. 公司经费	697 000	1. 利息支出	280 000
2. 业务费		（1）职工薪酬	511 200	减：利息收入	0
3. 折旧费		（2）物料消耗	32 300	利息净支出	280 000
4. 保险费		（3）低值易耗品摊销	11 500	2. 汇兑损失	
5. 包装费	33 210	（4）办公费	78 800	减：汇兑收益	
6. 展览费	98 700	（5）差旅费	52 000	汇兑净损失	
7. 广告费	81 143	（6）其他	11 200	3. 银行手续费	8 193
8. 商品维修费		2. 董事会会议费	75 680	4. 其他	
9. 运输费	50 890	3. 聘请中介机构费	20 000		
10. 装卸费	22 560	4. 咨询费（含顾问费）	15 000		
11. 其他		5. 诉讼费			
		6. 业务招待费	118 300		
		7. 房产税	25 638		
		8. 车船税	12 365		
		9. 土地使用税	36 413		
		10. 印花税	3 216		
		11. 技术转让费	35 000		
		12. 矿产资源补偿费			
		13. 排污费	38 000		
		14. 筹建期开办费			
		15. 其他			
合计	286 503	合计	1 076 612	合计	288 193

一、对销售费用的审计

2013年1月22日，审计人员审计销售费用时，发现以下问题，指出会计处理的问题，提出账务调整意见。

1. 2012年10月12日银付89号凭证，将公司管理部门的业务招待费38 700元列入展览费。
2. 2012年12月20日银付129号凭证，将公司副总经理差旅费30 000元列入了广告费。

2013年1月22日，编制审计工作底稿——销售费用审定表（索引号4404-1）。

二、对管理费用的审计

1. 引用货币资金审计工作底稿中账务调整建议中涉及"管理费用"账务调整的会计分录及工作底稿索引号，作为管理费用账项调整的记录。
2. 2013年1月22日，审计人员在审计管理费用时，发现2012年9月30日银付198号凭证，开出现金支票40 000元，购买办公用品，列入"管理费用——办公费"。其原始凭证是一张"公平超市"开出的"购办公用品"发票，但无具体品名、数量及单价金额。审计人员怀疑是虚构用途的支出。经审计追查，查明为购买购物券发给管理人员作为节日福利。指出问题，提请企业调整账务，从应付职工薪酬中列支。

2013年1月22日，编制审计工作底稿——管理费用审定表（索引号4405-1）。

三、对财务费用的审计

1. 引用货币资金审计工作底稿中涉及财务费用的账务调整分录及工作底稿索引号，作为财务费用账项调整的记录。
2. 2013年1月22日，审计人员在审计财务费用明细账时，发现企业将2012年未完工工程借款利息120 000元列入了财务费用，提请企业调整账务。

2013年1月22日，编制审计工作底稿——财务费用审定表（索引号4406-1）。

实训项目 4　损益审计

销售费用审定表

被审计单位：				索引号：4404-1		
项目：				期间：		
编制：				复核：		
日期：	年　月　日			日期：	年　月　日	

项目类别	本期未审数	账项调整 借方	账项调整 贷方	本期审定数	上期审定数	索引号
专设销售机构职工薪酬						
业务费						
折旧费						
保险费						
包装费						
展览费						
广告费						
商品维修费						
商品维修费						
运输费						
装卸费						
其他						
合计						

审计结论：

管理费用审定表

被审计单位：					索引号：4405－1	
项目：				期间：		
编制：				复核：		
日期： 年 月 日				日期： 年 月 日		

项目名称	本期未审数	账项调整		本期审定数	上期审定数	索引号
		借方	贷方			
1. 公司经费						
（1）职工薪酬						
（2）物料消耗						
（3）低值易耗品摊销						
（4）办公费						
（5）差旅费						
（6）其他						
2. 董事会费						
3. 聘请中介机构费						
4. 咨询费（含顾问费）						
5. 诉讼费						
6. 业务招待费						
7. 房产税						
8. 车船税						
9. 土地使用税						
10. 印花税						
11. 技术转让费						
12. 矿产资源补偿费						
13. 排污费						
14. 筹建期开办费						
15. 其他………						
合计						

审计结论：

实训项目4 损益审计

财务费用审定表

被审计单位：				索引号：4406-1		
项目：				期间：		
编制：				复核：		
日期： 年 月 日				日期： 年 月 日		

项目名称	本期未审数	账项调整 借方	账项调整 贷方	本期审定数	上期审定数	索引号
利息支出						
减：利息收入						
利息净支出						
汇兑损失						
减：汇兑收益						
汇兑净损失						
银行手续费						
其他						
合计						

审计结论：

4.4 营业外收支的审计

实训评分

实训目的： 能运用职业判断，实施营业外收支审计的实质性程序。
实训要求： 根据实训资料，对广州天马服装有限公司营业外收支进行审计。
实训步骤： 1. 老师讲授营业外收支的审计要点、实质性程序及操作要点。
     2. 实施营业外收支审计的实质性程序；编制工作底稿。
     3. 审计小组进行复核。
实训内容： 1. 对广州天马服装有限公司营业外收入进行审计，编制工作底稿。
     2. 对广州天马服装有限公司营业外支出进行审计，编制工作底稿。
实训时间：   **实训地点：**

广州天马服装有限公司2012年营业外收入、营业外支出情况　　　单位：元

营业外收入		营业外支出	
项目	金额	项目	金额
1. 处置非流动资产利得		1. 处置非流动资产损失	
其中：处置固定资产利得		其中：处置固定资产损失	
处置无形资产利得		处置无形资产损失	
2. 非货币性资产交换利得		2. 非货币性资产交换损失	
3. 债务重组利得		3. 债务重组损失	
4. 政府补助		4. 公益性捐赠支出	30 000
5. 盘盈利得	15 800	5. 非常损失	110 000
6. 捐赠利得		6. 盘亏损失	
7. 其他		7. 其他	34 338
合计	15 800	合计	174 338

一、对营业外收入的审计

引用货币资金、应付账款审计工作底稿账务调整建议中涉及"营业外收入"账务调整的会计分录及工作底稿索引号，作为营业外收入账项调整的记录。

2013年1月23日，编制审计工作底稿——营业外收入审定表（索引号4410-1）。

二、对营业外支出的审计

2013年1月23日，审计人员发现2012年6月20日，银付字126号凭证，将业务招待费34 338元列入了"营业外支出——其他"项目。

编制审计工作底稿—营业外支出审定表（索引号4411-1）。

实训项目 4 损益审计

营业外收入审定表

被审计单位：					索引号：4410-1		
项目：					期间：		
编制：					复核：		
日期：	年 月 日				日期：	年 月 日	

项目名称	本期审定数	账项调整		本期未审数	上期审定数	索引号
		借方	贷方			
1. 处置非流动资产利得						
其中：处置固定资产利得						
处置无形资产利得						
2. 非货币性资产交换利得						
3. 债务重组利得						
4. 政府补助						
5. 盘盈利得						
6. 捐赠利得						
7. 其他						
………						
合计						

审计结论：

营业外支出审定表

被审计单位：					索引号：4411-1	
项目：				期间：		
编制：				复核：		
日期： 年 月 日				日期： 年 月 日		

项目名称	本期未审数	账项调整		本期审定数	上期审定数	索引号
		借方	贷方			
1. 处置非流动资产损失						
其中：处置固定资产损失						
处置无形资产损失						
2. 非货币性资产交换损失						
3. 债务重组损失						
4. 公益性捐赠支出						
5. 非常损失						
6. 盘亏损失						
7. 其他						
合计						

审计结论：

实训项目 5 业务完成阶段的审计工作

5.1 汇总审计差异、编制试算平衡表

<u>实训评分</u>

实训目的： 能在审计业务完成阶段汇总审计差异、试算平衡。

实训要求： 根据对广州天马服装有限公司财务报表审计情况，汇总审计差异及建议被审计单位调整的事项、试算平衡。

实训步骤： 1. 老师讲授业务完成阶段的审计工作，汇总审计差异、试算平衡的方法及操作要点。
2. 汇总审计过程中发现的审计差异及建议被审计单位调整的事项。
3. 编制资产负债表、利润表试算平衡表。

实训内容： 对广州天马服装有限公司财务报表审计汇总审计差异，试算平衡。
1. 汇总审计过程中发现的审计差异及建议被审计单位调整的事项。
2. 编制重分类调整分录汇总表。
3. 编制账项调整分录汇总表。
4. 编制资产负债表试算平衡表。
5. 编制利润表试算平衡表。

实训地点：

一、汇总广州天马服装有限公司财务报表审计过程中发现的差异及建议被审计单位调整的事项

审计项目	内容及说明	工作底稿名称及索引号	建议账务调整会计分录			
			借方科目	金额（元）	贷方科目	金额（元）

续表

审计项目	内容及说明	工作底稿名称及索引号	建议账务调整会计分录			
			借方科目	金额（元）	贷方科目	金额（元）

实训项目 5　业务完成阶段的审计工作

续表

审计项目	内容及说明	工作底稿名称及索引号	建议账务调整会计分录			
			借方科目	金额（元）	贷方科目	金额（元）

续表

审计项目	内容及说明	工作底稿名称及索引号	建议账务调整会计分录		
			借方科目	金额（元）	贷方科目	金额（元）

二、将账务调整的损益科目结转利润，计算调增（调减）的利润总额和应补提的企业所得税，结转利润分配

对以上建议账务调整的会计分录，用T形账进行汇总，将损益科目结转利润，计算利润总额和应补提的企业所得税，计算净利润，进行利润分配，转入利润分配——未分配利润。

三、编制重分类调整分录汇总表、账项调整分录汇总表

通过与被审计单位的沟通,被审计单位同意审计调整意见

重分类调整分录汇总表

被审计单位:				索引号:6140	
项目:	重分类调整分录汇总表			截止日:	
编制:				复核:	
日期:				日期:	

序号	内容及说明	索引号	调整内容			
			借方项目	借方金额	贷方项目	贷方金额

与被审计单位的沟通:	
参加人员:	
被审计单位:	
审计项目组:	
被审计单位意见:	
结论:	
是否同意上述审计调整:	
被审计单位授权代表签字:	
日期:	

实训项目5 业务完成阶段的审计工作

账项调整分录汇总表

被审计单位：						索引号：6130	
项目：账项调整分录汇总表					截止日：		
编制：	日期：				复核：	日期：	

序号	内容及说明	索引号	调整内容				影响利润表 +（-）	影响资产负债表 +（-）
			借方项目	借方金额	贷方项目	贷方金额		

与被审计单位的沟通　被审计单位参加人员：

审计项目组参加人员：

被审计单位意见：

结论：是否同意上述审计调整：

被审计单位授权代表签字

日期

账项调整分录汇总表

被审计单位：						索引号：6130	
项目：账项调整分录汇总表						截止日：	
编制： 日期：						复核： 日期：	

序号	内容及说明	索引号	调整内容				影响利润表+（-）	影响资产负债表+（-）
			借方项目	借方金额	贷方项目	贷方金额		

与被审计单位的沟通 被审计单位参加人员：
审计项目组参加人员：
被审计单位意见：
结论：是否同意上述审计调整：
被审计单位授权代表签字
日期

实训项目 5　业务完成阶段的审计工作

利润表试算平衡表

被审计单位：				索引号：6120	
项目：利润表试算平衡表				截止日：	
编制：				复核：	
日期：				日期：	

项目		未审数	调整金额		审定数	索引号
			借方	贷方		
一、	营业收入					
	减：营业成本					
	营业税金及附加					
	销售费用					
	管理费用					
	财务费用					
	资产减值损失					
	加：公允价值变动收益					
	投资收益					
二、	营业利润					
	加：营业外收入					
	减：营业外支出					
三、	利润总额					
	减：所得税费用					
四、	净利润					
五、	未分配利润					

利润表试算平衡表

被审计单位：				索引号：6120	
项目：利润表试算平衡表				截止日：	
编制：				复核：	
日期：				日期：	

项目		未审数	调整金额		审定数	索引号
			借方	贷方		
一、	营业收入					
	减：营业成本					
	营业税金及附加					
	销售费用					
	管理费用					
	财务费用					
	资产减值损失					
	加：公允价值变动收益					
	投资收益					
二、	营业利润					
	加：营业外收入					
	减：营业外支出					
三、	利润总额					
	减：所得税费用					
四、	净利润					
五、	未分配利润					

5.2 出具审计报告

实训评分

实训目的： 能根据审计意见的性质，出具审计报告。
实训要求： 根据对广州天马服装有限公司财务报表审计情况，确定审计报告的类型，出具审计报告。
实训步骤： 1. 老师讲授审计报告的类型，能根据审计意见的性质，出具审计报告。
2. 根据对广州天马服装有限公司财务报表审计情况，确定审计报告的类型，出具审计报告。
实训内容： 根据对广州天马服装有限公司财务报表审计情况，确定审计报告的类型，出具标准审计报告。
实训地点：

标准审计报告打印稿粘贴（粘贴在背面）：

实训项目6　运用职业判断审计案例分析

一、货币资金审计

> 实训评分

1. 2012年12月31日，审计人员审计某公司库存现金，实施现金监盘程序进行盘点，盘点日账面金额30 000元。

盘点结果：盘点实有库存现金数额40 000元。未做账的单据2份，其中：
（1）未做账的现金收据1张，为12月28日收取企业出租房屋现金收入50 000元。
（2）未做账的某会计人员借条1张，金额30 000元，无借款理由和领导批示。

请指出库存现金管理中的问题，并提出账务调整建议。

2. 2013年1月15日，审计人员审计某公司2012年度会计报表。检查银行存款收支的截止是否正确。对资产负债表日后的10天的大额银行存款收支实施截止测试。发现2013年1月5日总字第18号凭证，开出现金支票，报销公司经理差旅费，会计分录如下：
　　借：管理费用　　　　　　　　　　　　　　　　　　　　88 600
　　　　贷：银行存款　　　　　　　　　　　　　　　　　　　88 600
其差旅费报账单及车票、飞机票、住宿费发票的时间为2012年12月10日~25日。

请指出账务处理中的问题，并提出账务调整意见。

3. 2013 年 1 月 15 日，审计人员审计某公司 2012 年度会计报表。实施抽查大额银行存款收支的原始凭证程序。查阅银行存款日记账，抽查 2012 年 11 月 20 日总字 139 号凭证，会计分录为：

借：银行存款   175 500

 贷：银行存款   175 500

附件为：(1) 2012 年 11 月 19 日银行存款进账单 1 张金额 175 500 元，收天河公司货款。

(2) 2012 年 11 月 20 日现金支票存根一张，金额 175 500 元，用途为支付职工薪酬。

请分析这笔账务的疑点，提出进一步审计追查取证的方法，并就你认为可能查明的问题提出账务调整意见。

二、应收账款审计

实训评分

1. 审计组在对某企业 2012 年财务报表进行审计，在审计应收账款时，发现该企业 12 月"主营业务收入"、"应收账款"账户较以往各期发生额较大，经查阅明细账，发现"应收账款"明细账中未做登记，审计人员怀疑其有虚列收入的行为。审计人员根据账簿记录调阅有关记账凭证，发现：

（1）12 月 24 日 129 号凭证的内容是：

借：应收账款——宏光公司　　　　　　　　　　　　　　　1 404 000
　　贷：应交税费——应交增值税（销项税额）　　　　　　　　204 000
　　　　主营业务收入　　　　　　　　　　　　　　　　　1 200 000

（2）12 月 27 日 165 号凭证的内容是：

借：应收账款——宏光公司　　　　　　　　　　　　　　　　936 000
　　贷：应交税费——应交增值税（销项税额）　　　　　　　　136 000
　　　　主营业务收入　　　　　　　　　　　　　　　　　　800 000

（3）12 月 31 日 230 号凭证的内容是：

借：应收账款　　　　　　　　　　　　　　　　　　　340 000（红字）
　　贷：应交税费——应交增值税（销项税额）　　　　　340 000（红字）

经审查，上述 3 张记账凭证均无任何原始凭证，在"库存商品"明细账和"应收账款"明细账中均未做登记。审计组向宏光公司发出询证函，对方回函无此债务。经审查明为虚列 2012 年主营业务收入 200 万元，企业准备于下年初将上述分录做销货退回处理。

指出企业的问题，并请提出账务调整建议。

2. A企业2012年委托B企业代销商品，9月30日发出委托代销库存商品1 000件，库存单价20元，销售单价30元。9月A企业账务处理如下：

  借：应收账款   300 000
    贷：主营业务收入   300 000
  借：主营业务成本   200 000
    贷：库存商品   200 000

请指出账务处理中的问题，提出账务调整建议。

三、存货审计

实训评分

1. 审计人员在对某公司原材料计价方法进行测试时，查阅原材料——甲材料明细账，并跟踪抽查记账凭证，发现11月19日总字143号凭证，购进原材料的会计分录如下：

  借：原材料——甲材料   117 000
    管理费用   1 500
    贷：银行存款   118 500

附件：（1）购进材料增值税发票；材料价款100 000元；增值税17 000元。
   （2）购甲材料运费发票金额1 500元。
   （3）转账支票存根。

请指出账务处理中的问题，提出账务调整建议。

2. 审计人员审查某厂 2012 年 12 月份库存商品——A 产品明细账发现：月初结存 2 000 件，单价 110 元；当月第一批完工入库 2 500 件，单价 100 元；当月第二批完工入库 2 600 件，单价 90 元；本月共销售 5 100 件，结转成本 484 000 元，截止审计日结存 2 000 件，保留成本 220 000 元。该厂结转发出商品成本采用先进先出法。

要求：分析库存商品明细账有无问题，并指出问题，提出审计意见。

3. 2012 年 12 月 31 日，审计人员在观察某企业库存商品仓库盘点时发现，A 产品短少 20 000 件，库存金额 1 200 000 元，对数量如此巨大的产品盘亏，引起了审计人员的高度关注。将会计的库存商品明细账与仓库商品明细账核对，发现有 20 000 件商品实际上是于 12 月 22 日已发货销售给百利公司，销售单价每件 90 元，会计尚未做账。

请指出企业账务处理的问题，提出账务调整建议。

实训项目 6　运用职业判断审计案例分析

4. 审计人员在审计某企业账务时发现企业"原材料"账务中有 1 笔贷方发生记录，摘要为出售原材料。追查记账凭证，其内容为：

借：银行存款　　　　　　　　　　　　　　　　　　　　　117 000
　　贷：原材料　　　　　　　　　　　　　　　　　　　　　60 000
　　　　其他应付款　　　　　　　　　　　　　　　　　　　57 000

上述分录中这一异常的对应关系引起了审计人员的注意，审计人员决定进一步追查。

审计人员首先详细审阅发票存根，发现销售了很多原材料，随即审阅其他业务收入明细账，没有查到材料销售的业务收入。带着这个疑点，审计人员查阅了银行存款日记账和应收账款明细账及有关记账凭证，得知企业将销售材料的收入没有做其他业务收入的账务处理，而是直接冲减了原材料实际成本，销售款高于原材料成本部分挂在了"其他应付款"下。

请指出企业账务处理的问题，提出账务调整建议。

四、应付账款审计

实训评分

1. 审计人员在对某企业应付账款审计中，实施"检查账务形成的相关原始凭证"程序；查阅 2012 年 12 月 10 日总字 132 号凭证，会计分录如下：

借：管理费用——修理费　　　　　　　　　　　　　　　200 000
　　贷：应付账款——美益公司　　　　　　　　　　　　　200 000

附件只有 1 张车间出具的修理费计算单，没有美益公司开出的修理费发票，也没有具体的固定资产修理内容。经审计进一步追查查明，该企业在以车间固定资产修理为名，虚设一个提供修理劳务的单位"美益公司"，并编制虚假修理费用 200 000 元。

请指出企业的问题；并提出审计账务调整建议。

2. 审计人员 2013 年 1 月在审计某企业应付账款中，实施"检查应付账款长期挂账的原因"程时；发现"应付账款——飞扬公司"贷方余额 150 000 元，账龄已超过 3 年，经查证有关凭证，是 2008 年 9 月，向飞扬公司购买材料的货款。审计通过采用询问和调查，查明飞扬公司已倒闭，无法偿还，应列入营业外收入。

请提出审计账务调整建议。

3. 审计人员在抽查某公司 2012 年应付账款明细账时，发现 11 月 29 日总字第 212 号凭证，会计分录为：

借：银行存款　　　　　　　　　　　　　　　　　　　　　585 000
　　贷：应付账款——百货公司　　　　　　　　　　　　　　585 000

所附原始凭证为 1 份银行进账单，款项来源为收到百货公司的转账支票。经向企业会计人员询问，实际是发出 B 产品，销售给百货公司（这批 B 商品库存成本为 350 000 元）。

指出该企业存在的问题，提出账务调整的建议。

实训项目6　运用职业判断审计案例分析

4. 审计人员在飞达公司"其他应付款"明细账时，发现12月18日97号凭证的会计分录为：

借：银行存款　　　　　　　　　　　　　　　　　　　　　351 000
　　贷：其应付款——其他　　　　　　　　　　　　　　　　351 000

所附原始凭证为本单位开出的收款收据，收款内容是"收材料销售款"。经调查询问，该笔收入实为材料销售收入（该批材料成本为 200 000 元）。

指出该企业存在的问题，提出账务调整的建议。

五、营业收入审计

实训评分

1. 审计人员审查某企业 2012 年 12 月的主营业务收入时，查阅 12 月 5 日的 85 号凭证，发现销售成本高于销售收入的异常情况。会计分录为：

借：银行存款　　　　　　　　　　　　　　　　　　　　　585 000
　　贷：主营业务收入　　　　　　　　　　　　　　　　　　585 000
结转销售成本：
借：主营业务成本　　　　　　　　　　　　　　　　　　　600 000
　　贷：库存商品——A 产品　　　　　　　　　　　　　　 600 000

审计人员查阅了相关的销售合同，并询问有关人员，查明的情况为：企业采用以旧换新方式销售产品，企业实际销售 B 产品给乙企业售价 1 000 000 元（不含税），同时向乙企业回收旧产品，价格 500 000 元（不含税）；乙企业支付新旧产品的差价款 500 000 元。销售给乙企业 B 产品的库存商品成本价为 600 000 元。

请指出账务处理中的问题，提出账务调整建议。

2. 审计人员在审计某企业 2012 年财务报表时，抽查了企业当年 12 月份的所有销售发票的存根，并依照发票存根核对记账凭证和账簿记录。审查中发现 12105 号销售发票，销售金额价税合计 702 000 元，没有对应地记录产品销售的记账凭证和账簿记录。通过查阅发票上所记载的产品的明细账和提货单，发现提货单已发出（该批产品库存成本 500 000 元）。

经询问有关人员进一步追查，查明企业货已发出，并已收到销售款项，账务处理为：

借：银行存款　　　　　　　　　　　　　　　　702 000
　　贷：预收账款　　　　　　　　　　　　　　　　702 000

请指出问题，并提出账务调整建议。

3. 审计人员 2013 年 2 月 15 日审查某公司 2012 年度产品销售业务时，发现该公司于 12 月 27 日售给外地某厂的 A 产品 800 件，每件售价 1 000 元（不含税），共计 800 000 元。已向银行办理了托收手续，尚未作为产品销售收入入账。该产品成本为每件 750 元。

请指出账务处理的问题，提出账务调整建议。

4. 审计人员在审查某企业 2012 年 10 月份 "主营业务收入" 明细账时，发现其记录的产品销售数量为 4 000 件，经与销售发票核对，两者相符。审计人员又将其与 "库存商品" 明细账上记录的销售数量相核对，发现两者不符，企业按 5 000 件计算并结转已销商品生产成本。其结转主营业务成本的会计分录如下（该商品的单位售价 40 元，单位制造成本为 25 元）：

借：主营业务成本　　　　　　　　　　　　　　　　　125 000
　　贷：库存商品　　　　　　　　　　　　　　　　　　　　125 000

审计人员询问有关会计人员，证实该企业将 1 000 件产品发给员工作为节日福利。

请指出企业存在的问题，并提出账务调整建议。

六、营业成本审计

实训评分

1. 审计人员对某企业 2012 年度财务报表进行审计时，发现该企业商品销售利润下降幅度较大，而该企业当年的产品售价略有上升，产品单位成本没有增加。审计人员重点审查了 "库存商品" 明细账的产品发出成本，将库存商品进行了计价测试。发现企业在结转主营业务成本时，有意加大销售产品的单位成本。该企业当年主营业务成本 5 000 000 元，而经审计后，实际应结转的主营业务成本为 4 000 000 元，企业虚增成本 1 000 000 元。

请提出账务调整建议。

2. 审计人员 2013 年 1 月在对 C 产品进行抽查盘点时发现，C 产品盘盈 1 000 件。在审计追查盘盈原因时，发现仓库在 12 月 8 日收到公平超市因产品质量问题而退来的 C 产品 1 000 件（11 月销售；每件不含税销售单价 800 元，产品成本单价 500 元），会计账务处理如下：

  借：主营业务收入   800 000
    应交税费——应交增值税（销）   136 000
   贷：应收账款——公平超市   936 000

请指出账务处理中的问题，并提出账务调整建议。

3. 审计人员对某公司 2012 年财务报表进行审计。查阅企业对外出租房屋合同和其他业务收入账，发现会计账面反映的出租收入与合同载明的应收出租收入相差很大。进一步查阅其他业务收入明细账及原始凭证，发现企业将出租房屋折旧费 120 000 元直接列入其他业务收入的借方，冲减了其他业务收入。会计分录为：

  借：其他业务收入   120 000
   贷：累计折旧   120 000

请指出账务处理中的问题，并提出账务调整建议。

七、期间费用审计案例

1. 审计人员在审计某企业 2012 年 11 月份"管理费用"明细账时,发现"职工薪酬"、"折旧费"与上月相比增加较大。为此审计抽查 2012 年 11 月 30 日 35#记账凭证、36#记账凭证,发现企业把生产车间管理人员工资 55 000 元,车间固定资产折旧 75 000 元记入了管理费用。

请指出账务处理中的问题,并提出账务调整建议。

2. 审计人员在审计某企业 2012 年度财务报表时对财务费用进行了分析性复核,发现当年的财务费用与往年比较有较大幅度的增长。审计人员审阅了"财务费用"明细账,并调阅了记录账务费用的记账凭证及原始凭证,发现企业将用于建造车间的长期借款利息 180 000 元列入了财务费用。(车间建造工程至当年年末还未完工)会计分录如下:

借:财务费用   180 000
  贷:应付利息   180 000

请指出账务处理中的问题,并提出账务调整建议。

3. 审计人员在对2012年期间费用进行审计时，实施"抽查资产负债表日后10天的凭证，实施截止测试"程序，抽查了2013年1月6日企业管理部门水电费支出的记账凭证（总字第5凭证），后附的水电费原始单据的日期是2012年12月25日。会计分录如下：

借：管理费用　　　　　　　　　　　　　　　　　　　　　536 800
　　贷：银行存款　　　　　　　　　　　　　　　　　　　　　536 800

请指出账务处理中的问题，并提出账务调整建议。

4. 审计人员在审查某公司2012年度销售费用明细账时，发现如下记录：

（1）购入材料的外地运杂费15 000元。

（2）为购货单位垫付的运杂费16 000元。

（3）招待客户的费用26 000元。

（4）产品的包装费9 000元。

（5）业务招待费48 000元。

请提出账务调整建议。

5. 审计人员在审查某公司 2012 年度管理费用明细账时，发现如下记录：
（1）专设销售机构人员的工资、奖金 80 000 元。
（2）公司分管销售的副总经理的差旅费 40 000 元。
（3）车间办公费 22 000 元。
（4）商品广告费 30 000 元。
（5）销售产品的运杂费 20 000 元。
（6）购入材料的运杂费 5 000 元。
（7）罚款支出 30 000 元。
请提出账务调整建议。

6. 审计人员在审查某公司 2012 年度财务费用明细账时，发现如下记录：
（1）财务科人员的工资及奖金 58 000 元。
（2）支付未完工工程借款利息 80 000 元。
（3）支付短期借款利息 23 000 元。
（4）支付金融机构手续费 3 500 元。
请提出账务调整建议。

八、营业外收支审计

实训评分

1. 审计人员对某公司2012年财务报表进行审计。在审计固定资产的使用情况时，发现该企业将一栋厂房整体出租，但查阅其他业务收入明细账，没有房屋出租收入记录。经向会计人员询问并跟踪追查到营业外收入账户，发现将房屋出租收入列入营业外收入账户，会计分录如下：

  借：银行存款   120 000
    贷：营业外收入   120 000

请指出账务处理中的问题，并提出账务调整建议。

2. 审计人员对某公司2012年财务报表进行审计，在抽查10月份"银行存款"日记账时，发现10月15日25#凭证摘要上注明"向××企业索赔"收入金额88 000元，对应科目是应付职工薪酬。这笔业务和对应关系可疑。审计人员调阅了10月15日25#凭证及原始凭证，其会计分录如下：

  借：银行存款   88 000
    贷：应付职工薪酬——工资   88 000

请指出账务处理中的问题，并提出账务调整建议。

3. 审计人员审查某企业 2012 年 6 月份的"营业外支出"明细账时，发现 6 月 16 日总字 52 号凭证的摘要内容为"罚款支出"，但被罚款内容不具体。审计人员产生怀疑，调阅 6 月 16 日 52#凭证，其会计分录为：

借：营业外支出　　　　　　　　　　　　　　　　　　　　　　　20 000
　　贷：银行存款　　　　　　　　　　　　　　　　　　　　　　　20 000

所附原始凭证：现金支票存根，其他附件均为伪造。经过审计查询得知，该企业会计利用某新来的出纳员不熟悉会计业务的机会，伪造罚款支出原始凭证，提取了现金。

请指出账务处理中的问题，并提出账务调整建议。

4. 审计人员对某公司 2012 年财务报表进行审计，在查阅 2012 年营业外收入明细账时，发现 1 笔收入，摘要是"销售材料"，审计人员抽查了该笔业务的记账凭证和原始凭证，其会计分录是：

借：银行存款　　　　　　　　　　　　　　　　　　　　　　　468 000
　　贷：营业外收入　　　　　　　　　　　　　　　　　　　　　468 000

附件只有 1 张银行进账单，没有销售发票。审计人员通过向经办人员询问并向付款单位调查，查明这是一笔材料销售款，企业未开出增值税发票，这批材料成本 280 000 元。

请指出账务处理中的问题，并提出账务调整建议。

附录一 中国注册会计师执业准则（选录）

（2010 年修订版）

中国注册会计师鉴证业务基本准则

第一章 总 则

第一条 为了规范注册会计师执行鉴证业务，明确鉴证业务的目标和要素，确定中国注册会计师审计准则、中国注册会计师审阅准则、中国注册会计师其他鉴证业务准则（分别简称审计准则、审阅准则和其他鉴证业务准则）适用的鉴证业务类型，根据《中华人民共和国注册会计师法》，制定本准则。

第二条 鉴证业务包括历史财务信息审计业务、历史财务信息审阅业务和其他鉴证业务。

注册会计师执行历史财务信息审计业务、历史财务信息审阅业务和其他鉴证业务时，应当遵守本准则以及依据本准则制定的审计准则、审阅准则和其他鉴证业务准则。

第三条 本准则所称注册会计师，是指取得注册会计师证书并在会计师事务所执业的人员，有时也指其所在的会计师事务所。

本准则所称鉴证业务要素，是指鉴证业务的三方关系、鉴证对象、标准、证据和鉴证报告。

第四条 注册会计师执行鉴证业务时，应当遵守中国注册会计师职业道德规范（简称职业道德规范）和会计师事务所质量控制准则。

第二章 鉴证业务的定义和目标

第五条 鉴证业务是指注册会计师对鉴证对象信息提出结论，以增强除责任方之外的预期使用者对鉴证对象信息信任程度的业务。

鉴证对象信息是按照标准对鉴证对象进行评价和计量的结果。如责任方按照会计准则和相关会计制度（标准）对其财务状况、经营成果和现金流量（鉴证对象）进行确认、计量和列报（包括披露，下同）而形成的财务报表（鉴证对象信息）。

第六条 鉴证对象信息应当恰当反映既定标准运用于鉴证对象的情况。如果没有按照既定标准恰当反映鉴证对象的情况，鉴证对象信息可能存在错报，而且可能存在重大错报。

第七条 鉴证业务分为基于责任方认定的业务和直接报告业务。

在基于责任方认定的业务中，责任方对鉴证对象进行评价或计量，鉴证对象信息以责任方认定的形式为预期使用者获取。如在财务报表审计中，被审计单位管理层（责任方）对财务状况、经营成果和现金流量（鉴证对象）进行确认、计量和列报（评价或计量）而形成的财务报表（鉴证对象信息）即为责任方的认定，该财务报表可为预期报表使用者获取，注册会计师针对财务报表出具审计报告。这种业务属于基于责任方认定的业务。

在直接报告业务中，注册会计师直接对鉴证对象进行评价或计量，或者从责任方获取对鉴证对象评价或计量的认定，而该认定无法为预期使用者获取，预期使用者只能通过阅读鉴证报告获取鉴证对象信息。如在内部控制鉴证业务中，注册会计师可能无法从管理层（责任方）获取其对内部控制有效性的评价报告（责任方认定），或虽然注册会计师能够获取该报告，但预期使用者无法获取该报告，注册会计师直接对内部控制的有效性（鉴证对象）进行评价并出具鉴证报告，预期使用者只能通过阅读该鉴证报告获得内部控制有效性的信息（鉴证对象信息）。这种业务属于直接报告业务。

第八条 鉴证业务的保证程度分为合理保证和有限保证。

合理保证的鉴证业务的目标是注册会计师将鉴证业务风险降至该业务环境下可接受的低水平，以此作为以积极方式提出结论的基础。如在历史财务信息审计中，要求注册会计师将审计风险降至可接受的低水平，对审计后的历史财务信息提供高水平保证（合理保证），在审计报告中对历史财务信息采用积极方式提出结论。这种业务属于合理保证的鉴证业务。

有限保证的鉴证业务的目标是注册会计师将鉴证业务风险降至该业务环境下可接受的水平，以此作为以消极方式提出结论的基础。如在历史财务信息审阅中，要求注册会计师将审阅风险降至该业务环境下可接受的水平（高于历史财务信息审计中可接受的低水平），对审阅后的历史财务信息提供低于高水平的保证（有限保证），在审阅报告中对历史财务信息采用消极方式提出结论。这种业务属于有限保证的鉴证业务。

第三章 业务承接

第九条 在接受委托前，注册会计师应当初步了解业务环境。

业务环境包括业务约定事项、鉴证对象特征、使用的标准、预期使用者的需求、责任方及其环境的相关特征，以及可能对鉴证业务产生重大影响的事项、交易、条件和惯例等其他事项。

第十条 在初步了解业务环境后，只有认为符合独立性和专业胜任能力等相关职业道德规范的要求，并且拟承接的业务具备下列所有特征，注册会计师才能将其作为鉴证业务予以承接：

（一）鉴证对象适当；
（二）使用的标准适当且预期使用者能够获取该标准；
（三）注册会计师能够获取充分、适当的证据以支持其结论；
（四）注册会计师的结论以书面报告形式表述，且表述形式与所提供的保证程度相适应；
（五）该业务具有合理的目的。如果鉴证业务的工作范围受到重大限制，或委托人试图将注册会计师的名字和鉴证对象不适当地联系在一起，则该业务可能不具有合理的目的。

第十一条 当拟承接的业务不具备本准则第十条规定的鉴证业务的所有特征，不能将其作为鉴证业务予以承接时，注册会计师可以提请委托人将其作为非鉴证业务（如商定程序、代编财务信息、管理咨询、税务服务等相关服务业务），以满足预期使用者的需要。

第十二条 如果某项鉴证业务采用的标准不适当，但满足下列条件之一时，注册会计师可以考虑将其作为一项新的鉴证业务：

（一）委托人能够确认鉴证对象的某个方面适用于所采用的标准，注册会计师可以针对该方面执行鉴证业务，但在鉴证报告中应当说明该报告的内容并非针对鉴证对象整体；

（二）能够选择或设计适用于鉴证对象的其他标准。

第十三条　对已承接的鉴证业务，如果没有合理理由，注册会计师不应将该项业务变更为非鉴证业务，或将合理保证的鉴证业务变更为有限保证的鉴证业务。

当业务环境变化影响到预期使用者的需求，或预期使用者对该项业务的性质存在误解时，注册会计师可以应委托人的要求，考虑同意变更该项业务。如果发生变更，注册会计师不应忽视变更前获取的证据。

第四章　鉴证业务的三方关系

第十四条　鉴证业务涉及的三方关系人包括注册会计师、责任方和预期使用者。

责任方与预期使用者可能是同一方，也可能不是同一方。

第十五条　注册会计师可以承接符合本准则第十条规定的各类鉴证业务。

如果鉴证业务涉及的特殊知识和技能超出了注册会计师的能力，注册会计师可以利用专家协助执行鉴证业务。在这种情况下，注册会计师应当确信包括专家在内的项目组整体已具备执行该项鉴证业务所需的知识和技能，并充分参与该项鉴证业务和了解专家所承担的工作。

第十六条　责任方是指下列组织或人员：

（一）在直接报告业务中，对鉴证对象负责的组织或人员；

（二）在基于责任方认定的业务中，对鉴证对象信息负责并可能同时对鉴证对象负责的组织或人员。

责任方可能是鉴证业务的委托人，也可能不是委托人。

第十七条　注册会计师通常提请责任方提供书面声明，表明责任方已按照既定标准对鉴证对象进行评价或计量，无论该声明是否能为预期使用者获取。

在直接报告业务中，当委托人与责任方不是同一方时，注册会计师可能无法获取此类书面声明。

第十八条　预期使用者是指预期使用鉴证报告的组织或人员。责任方可能是预期使用者，但不是唯一的预期使用者。

注册会计师可能无法识别使用鉴证报告的所有组织和人员，尤其在各种可能的预期使用者对鉴证对象存在不同的利益需求时。注册会计师应当根据法律法规的规定或与委托人签订的协议识别预期使用者。

在可行的情况下，鉴证报告的收件人应当明确为所有的预期使用者。

第十九条　在可行的情况下，注册会计师应当提请预期使用者或其代表，与注册会计师和责任方（如果委托人与责任方不是同一方，还包括委托人）共同确定鉴证业务约定条款。

无论其他人员是否参与，注册会计师都应当负责确定鉴证业务程序的性质、时间和范围，并对鉴证业务中发现的、可能导致对鉴证对象信息作出重大修改的问题进行跟踪。

第二十条　当鉴证业务服务于特定的使用者，或具有特定目的时，注册会计师应当考虑在鉴证报告中注明该报告的特定使用者或特定目的，对报告的用途加以限定。

第五章 鉴 证 对 象

第二十一条 鉴证对象与鉴证对象信息具有多种形式，主要包括：

（一）当鉴证对象为财务业绩或状况时（如历史或预测的财务状况、经营成果和现金流量），鉴证对象信息是财务报表；

（二）当鉴证对象为非财务业绩或状况时（如企业的运营情况），鉴证对象信息可能是反映效率或效果的关键指标；

（三）当鉴证对象为物理特征时（如设备的生产能力），鉴证对象信息可能是有关鉴证对象物理特征的说明文件；

（四）当鉴证对象为某种系统和过程时（如企业的内部控制或信息技术系统），鉴证对象信息可能是关于其有效性的认定；

（五）当鉴证对象为一种行为时（如遵守法律法规的情况），鉴证对象信息可能是对法律法规遵守情况或执行效果的声明。

第二十二条 鉴证对象具有不同特征，可能表现为定性或定量、客观或主观、历史或预测、时点或期间。这些特征将对下列方面产生影响：

（一）按照标准对鉴证对象进行评价或计量的准确性；

（二）证据的说服力。

鉴证报告应当说明与预期使用者特别相关的鉴证对象特征。

第二十三条 适当的鉴证对象应当同时具备下列条件：

（一）鉴证对象可以识别；

（二）不同的组织或人员对鉴证对象按照既定标准进行评价或计量的结果合理一致；

（三）注册会计师能够收集与鉴证对象有关的信息，获取充分、适当的证据，以支持其提出适当的鉴证结论。

第六章 标 准

第二十四条 标准是指用于评价或计量鉴证对象的基准，当涉及列报时，还包括列报的基准。

标准可以是正式的规定，如编制财务报表所使用的会计准则和相关会计制度；也可以是某些非正式的规定，如单位内部制定的行为准则或确定的绩效水平。

第二十五条 注册会计师在运用职业判断对鉴证对象作出合理一致的评价或计量时，需要有适当的标准。

适当的标准应当具备下列所有特征：

（一）相关性：相关的标准有助于得出结论，便于预期使用者作出决策；

（二）完整性：完整的标准不应忽略业务环境中可能影响得出结论的相关因素，当涉及列报时，还包括列报的基准；

（三）可靠性：可靠的标准能够使能力相近的注册会计师在相似的业务环境中，对鉴证对象作出合理一致的评价或计量；

（四）中立性：中立的标准有助于得出无偏向的结论；

（五）可理解性：可理解的标准有助于得出清晰、易于理解、不会产生重大歧义的结论。

注册会计师基于自身的预期、判断和个人经验对鉴证对象进行的评价和计量，不构成适当的标准。

第二十六条 注册会计师应当考虑运用于具体业务的标准是否具备本准则第二十五条所述的特征，以评价该标准对此项业务的适用性。在具体鉴证业务中，注册会计师评价标准各项特征的相对重要程度，需要运用职业判断。

标准可能是由法律法规规定的，或由政府主管部门或国家认可的专业团体依照公开、适当的程序发布的，也可能是专门制定的。采用标准的类型不同，注册会计师为评价该标准对于具体鉴证业务的适用性所需执行的工作也不同。

第二十七条 标准应当能够为预期使用者获取，以使预期使用者了解鉴证对象的评价或计量过程。标准可以通过下列方式供预期使用者获取：

（一）公开发布；

（二）在陈述鉴证对象信息时以明确的方式表述；

（三）在鉴证报告中以明确的方式表述；

（四）常识理解，如计量时间的标准是小时或分钟。

如果确定的标准仅能为特定的预期使用者获取，或仅与特定目的相关，鉴证报告的使用也应限于这些特定的预期使用者或特定目的。

第七章 证 据

第一节 总体要求

第二十八条 注册会计师应当以职业怀疑态度计划和执行鉴证业务，获取有关鉴证对象信息是否不存在重大错报的充分、适当的证据。

注册会计师应当及时对制订的计划、实施的程序、获取的相关证据以及得出的结论作出记录。

第二十九条 注册会计师在计划和执行鉴证业务，尤其在确定证据收集程序的性质、时间和范围时，应当考虑重要性、鉴证业务风险以及可获取证据的数量和质量。

第二节 职业怀疑态度

第三十条 职业怀疑态度是指注册会计师以质疑的思维方式评价所获取证据的有效性，并对相互矛盾的证据，以及引起对文件记录或责任方提供的信息的可靠性产生怀疑的证据保持警觉。

第三十一条 鉴证业务通常不涉及鉴定文件记录的真伪，注册会计师也不是鉴定文件记录真伪的专家，但应当考虑用作证据的信息的可靠性，包括考虑与信息生成和维护相关的控制的有效性。

如果在执行业务过程中识别出的情况使其认为文件记录可能是伪造的或文件记录中的某些条款已发生变动，注册会计师应当作出进一步调查，包括直接向第三方询证，或考虑利用专家的工作，以评价文件记录的真伪。

第三节 证据的充分性和适当性

第三十二条 证据的充分性是对证据数量的衡量，主要与注册会计师确定的样本量有关。证据的适当性是对证据质量的衡量,即证据的相关性和可靠性。

所需证据的数量受鉴证对象信息重大错报风险的影响,即风险越大,可能需要的证据数量越多;所需证据的数量也受证据质量的影响,即证据质量越高,可能需要的证据数量越少。

尽管证据的充分性和适当性相关,但如果证据的质量存在缺陷,注册会计师仅靠获取更多的证据可能无法弥补其质量上的缺陷。

第三十三条 证据的可靠性受其来源和性质的影响,并取决于获取证据的具体环境。

注册会计师通常按照下列原则考虑证据的可靠性:

(一)从外部独立来源获取的证据比从其他来源获取的证据更可靠;
(二)内部控制有效时内部生成的证据比内部控制薄弱时内部生成的证据更可靠;
(三)直接获取的证据比间接获取或推论得出的证据更可靠;
(四)以文件记录形式(无论是纸质、电子或其他介质)存在的证据比口头形式的证据更可靠;
(五)从原件获取的证据比从传真或复印件获取的证据更可靠。

在运用本条第二款第(一)项至第(五)项所述原则评价证据的可靠性时,注册会计师应当注意可能出现的重大例外情况。

第三十四条 如果针对某项认定从不同来源获取的证据或获取的不同性质的证据能够相互印证,与该项认定相关的证据通常具有更强的说服力。

如果从不同来源获取的证据或获取的不同性质的证据不一致,可能表明某项证据不可靠,注册会计师应当追加必要的程序予以解决。

第三十五条 针对一个期间的鉴证对象信息获取充分、适当的证据,通常要比针对一个时点的鉴证对象信息获取充分、适当的证据更困难。

针对过程提出的结论通常限于鉴证业务涵盖的期间,注册会计师不应对该过程是否在未来以特定方式继续发挥作用提出结论。

第三十六条 注册会计师可以考虑获取证据的成本与所获取信息有用性之间的关系,但不应仅以获取证据的困难和成本为由减少不可替代的程序。

在评价证据的充分性和适当性以支持鉴证报告时,注册会计师应当运用职业判断,并保持职业怀疑态度。

第四节 重 要 性

第三十七条 在确定证据收集程序的性质、时间和范围,评估鉴证对象信息是否不存在错报时,注册会计师应当考虑重要性。在考虑重要性时,注册会计师应当了解并评估哪些因素可能会影响预期使用者的决策。

注册会计师应当综合数量和性质因素考虑重要性。在具体业务中评估重要性以及数量和性质因素的相对重要程度,需要注册会计师运用职业判断。

第五节 鉴证业务风险

第三十八条 鉴证业务风险是指在鉴证对象信息存在重大错报的情况下,注册会计师提出不恰当结论的可能性。

在直接报告业务中,鉴证对象信息仅体现在注册会计师的结论中,鉴证业务风险包括注册会计师不恰当地提出鉴证对象在所有重大方面遵守标准的结论的可能性。

第三十九条 在合理保证的鉴证业务中，注册会计师应当将鉴证业务风险降至具体业务环境下可接受的低水平，以获取合理保证，作为以积极方式提出结论的基础。

在有限保证的鉴证业务中，由于证据收集程序的性质、时间和范围与合理保证的鉴证业务不同，其风险水平高于合理保证的鉴证业务；但注册会计师实施的证据收集程序至少应当足以获取有意义的保证水平，作为以消极方式提出结论的基础。

当注册会计师获取的保证水平很有可能在一定程度上增强预期使用者对鉴证对象信息的信任时，这种保证水平是有意义的保证水平。

第四十条 鉴证业务风险通常体现为重大错报风险和检查风险。

重大错报风险是指鉴证对象信息在鉴证前存在重大错报的可能性。

检查风险是指某一鉴证对象信息存在错报，该错报单独或连同其他错报是重大的，但注册会计师未能发现这种错报的可能性。

注册会计师对重大错报风险和检查风险的考虑受具体业务环境的影响，特别受鉴证对象性质，以及所执行的是合理保证鉴证业务还是有限保证鉴证业务的影响。

第六节 证据收集程序的性质、时间和范围

第四十一条 证据收集程序的性质、时间和范围因业务的不同而不同。注册会计师应当清楚表达证据收集程序，并以适当的形式运用于合理保证的鉴证业务和有限保证的鉴证业务。

第四十二条 在合理保证的鉴证业务中，为了能够以积极方式提出结论，注册会计师应当通过下列不断修正的、系统化的执业过程，获取充分、适当的证据：

（一）了解鉴证对象及其他的业务环境事项，在适用的情况下包括了解内部控制；

（二）在了解鉴证对象及其他的业务环境事项的基础上，评估鉴证对象信息可能存在的重大错报风险；

（三）应对评估的风险，包括制定总体应对措施以及确定进一步程序的性质、时间和范围；

（四）针对已识别的风险实施进一步程序，包括实施实质性程序，以及在必要时测试控制运行的有效性；

（五）评价证据的充分性和适当性。

第四十三条 合理保证提供的保证水平低于绝对保证。由于下列因素的存在，将鉴证业务风险降至零几乎不可能，也不符合成本效益原则：

（一）选择性测试方法的运用；

（二）内部控制的固有局限性；

（三）大多数证据是说服性而非结论性的；

（四）在获取和评价证据以及由此得出结论时涉及大量判断；

（五）在某些情况下鉴证对象具有特殊性。

第四十四条 合理保证的鉴证业务和有限保证的鉴证业务都需要运用鉴证技术和方法，收集充分、适当的证据。与合理保证的鉴证业务相比，有限保证的鉴证业务在证据收集程序的性质、时间、范围等方面是有意识地加以限制的。

无论是合理保证还是有限保证的鉴证业务,如果注意到某事项可能导致对鉴证对象信息是否需要作出重大修改产生疑问,注册会计师应当执行其他足够的程序,追踪这一事项,以支持鉴证结论。

第七节 可获取证据的数量和质量

第四十五条 可获取证据的数量和质量受下列因素的影响:

(一)鉴证对象和鉴证对象信息的特征;

(二)业务环境中除鉴证对象特征以外的其他事项。

第四十六条 对任何类型的鉴证业务,如果下列情形对注册会计师的工作范围构成重大限制,阻碍注册会计师获取所需要的证据,注册会计师提出无保留结论是不恰当的:

(一)客观环境阻碍注册会计师获取所需要的证据,无法将鉴证业务风险降至适当水平;

(二)责任方或委托人施加限制,阻碍注册会计师获取所需要的证据,无法将鉴证业务风险降至适当水平。

第八节 记 录

第四十七条 注册会计师应当记录重大事项,以提供证据支持鉴证报告,并证明其已按照鉴证业务准则的规定执行业务。

第四十八条 对需要运用职业判断的所有重大事项,注册会计师应当记录推理过程和相关结论。

如果对某些事项难以进行判断,注册会计师还应当记录得出结论时已知悉的有关事实。

第四十九条 注册会计师应当将鉴证过程中考虑的所有重大事项记录于工作底稿。

在运用职业判断确定工作底稿的编制和保存范围时,注册会计师应当考虑,使未曾接触该项鉴证业务的有经验的专业人士了解实施的鉴证程序,以及作出重大决策的依据。

第八章 鉴 证 报 告

第五十条 注册会计师应当出具含有鉴证结论的书面报告,该鉴证结论应当说明注册会计师就鉴证对象信息获取的保证。

注册会计师应当考虑其他报告责任,包括在适当时与治理层沟通。

第五十一条 在基于责任方认定的业务中,注册会计师的鉴证结论可以采用下列两种表述形式:

(一)明确提及责任方认定,如"我们认为,责任方作出的'根据×标准,内部控制在所有重大方面是有效的'这一认定是公允的"。

(二)直接提及鉴证对象和标准,如"我们认为,根据×标准,内部控制在所有重大方面是有效的"。

在直接报告业务中,注册会计师应当明确提及鉴证对象和标准。

第五十二条 在合理保证的鉴证业务中,注册会计师应当以积极方式提出结论,如"我们认为,根据×标准,内部控制在所有重大方面是有效的"或"我们认为,责任方作出的'根据×标准,内部控制在所有重大方面是有效的'这一认定是公允的"。

在有限保证的鉴证业务中,注册会计师应当以消极方式提出结论,如"基于本报告所述的工作,我们没有注意到任何事项使我们相信,根据×标准,×系统在任何重大方面是无效的"或"基于本报告所述的工作,我们没有注意到任何事项使我们相信,责任方作出的'根据×标准,×系统在所有重大方面是有效的'这一认定是不公允的"。

第五十三条　当存在本准则第五十四条至第五十六条所述情况时,注册会计师应当对其影响程度作出判断。如果这些情况影响重大,注册会计师不能出具无保留结论的报告。

第五十四条　对任何类型的鉴证业务,如果注册会计师的工作范围受到限制,注册会计师应当视受到限制的重大与广泛程度,出具保留结论或无法提出结论的报告。

在某些情况下,注册会计师应当考虑解除业务约定。

第五十五条　如果存在下列情形,注册会计师应当视其影响的重大与广泛程度,出具保留结论或否定结论的报告:

(一)注册会计师的结论提及责任方的认定,且该认定未在所有重大方面作出公允表达;

(二)注册会计师的结论直接提及鉴证对象和标准,且鉴证对象信息存在重大错报。

第五十六条　在承接业务后,如果发现标准或鉴证对象不适当,可能误导预期使用者,注册会计师应当视其重大与广泛程度,出具保留结论或否定结论的报告。

如果发现标准或鉴证对象不适当,造成工作范围受到限制,注册会计师应当视受到限制的重大与广泛程度,出具保留结论或无法提出结论的报告。

在某些情况下,注册会计师应当考虑解除业务约定。

第五十七条　当注册会计师针对鉴证对象信息出具报告,或同意将其姓名与鉴证对象联系在一起时,则注册会计师与该鉴证对象发生了关联。

如果获知他人不恰当地将其姓名与鉴证对象相关联,注册会计师应当要求其停止这种行为,并考虑采取其他必要的措施,包括将不恰当使用注册会计师姓名这一情况告知所有已知的使用者或征询法律意见。

第九章　附　　则

第五十八条　注册会计师执行司法诉讼中涉及会计、审计、税务或其他事项的鉴定业务,除有特定要求者外,应当参照本准则办理。

第五十九条　某些业务可能符合本准则第五条鉴证业务的定义,使用者可能从业务报告的意见、观点或措辞中推测出某种程度的保证,但如果满足下列所有条件,注册会计师执行这些业务不必遵守本准则:

(一)注册会计师的意见、观点或措辞对整个业务而言仅是附带性的;

(二)注册会计师出具的书面报告被明确限定为仅供报告中所提及的使用者使用;

(三)与特定预期使用者达成的书面协议中,该业务未被确认为鉴证业务;

(四)在注册会计师出具的报告中,该业务未被称为鉴证业务。

第六十条　本准则自2007年1月1日起施行。

附录一　中国注册会计师执业准则（选录）

中国注册会计师审计准则第1101号
——注册会计师的总体目标和审计工作的基本要求

（2010年11月1日修订）

第一章 总　　则

第一条 为了规范注册会计师按照中国注册会计师审计准则执行财务报表审计工作，确立注册会计师的总体目标，明确注册会计师为实现总体目标而需要执行审计工作的性质和范围，以及在执行财务报表审计业务时承担的责任，制定本准则。

第二条 审计准则适用于注册会计师执行财务报表审计业务。

当执行其他历史财务信息审计业务时，注册会计师可以根据具体情况遵守适用的相关审计准则，以满足此类业务的要求。

第二章 定　　义

第三条 注册会计师，是指取得注册会计师证书并在会计师事务所执业的人员，通常是指项目合伙人或项目组其他成员，有时也指其所在的会计师事务所。

当审计准则明确指出应由项目合伙人遵守的规定或承担的责任时，使用"项目合伙人"而非"注册会计师"的称谓。

第四条 本准则所称财务报表，是指依据某一财务报告编制基础对被审计单位历史财务信息作出的结构性表述，包括相关附注，旨在反映某一时点的经济资源或义务或者某一时期经济资源或义务的变化。相关附注通常包括重要会计政策概要和其他解释性信息。财务报表通常是指整套财务报表，有时也指单一财务报表。整套财务报表的构成应当根据适用的财务报告编制基础的规定确定。

第五条 历史财务信息，是指以财务术语表述的某一特定实体的信息，这些信息主要来自特定实体的会计系统，反映了过去一段时间内发生的经济事项，或者过去某一时点的经济状况或情况。

第六条 适用的财务报告编制基础，是指法律法规要求采用的财务报告编制基础；或者管理层和治理层（如适用）在编制财务报表时，就被审计单位性质和财务报表目标而言，采用的可接受的财务报告编著基础。

财务报告编制基础分为通用目的编制基础和特殊目的编制基础。

通用目的编制基础，是指旨在满足广大财务报表使用者共同的财务信息需求的财务报告编制基础，主要是指会计准则和会计制度。

特殊目的编制基础，是指旨在满足财务报表特定使用者对财务信息需求的财务报告编制基础，包括计税核算基础、监管机构的报告要求和合同的约定等。

第七条 管理层，是指对被审计单位经营活动的执行负有经营管理责任的人员。在某些被审计单位，管理层包括部分或全部的治理层成员，如治理层中负有经营管理责任的人员，或参与日常经营管理的业主（以下简称业主兼经理）。

第八条 治理层，是指对被审计单位战略方向以及管理层履行经营管理责任负有监督责任的人员或组织。治理层的责任包括监督财务报告过程。在某些被审计单位，治理层可能包括管理层，如治理层中负有经营管理责任的人员，或业主兼经理。

第九条 与管理层和治理层责任相关的执行审计工作的前提（以下简称执行审计工作的前提），是指管理层和治理层（如适用）认可并理解其应当承担下列责任，这些责任构成注册会计师按照审计准则的规定执行审计工作的基础：

（一）按照适用的财务报告编制基础编制财务报表，并使其实现公允反映（如适用）；

（二）设计、执行和维护必要的内部控制，以使财务报表不存在由于舞弊或错误导致的重大错报；

（三）向注册会计师提供必要的工作条件，包括允许注册会计师接触与编制财务报表相关的所有信息（如记录、文件和其他事项），向注册会计师提供审计所需的其他信息，允许注册会计师在获取审计证据时不受限制地接触其认为必要的内部人员和其他相关人员。

第十条 错报，是指某一财务报表项目的金额、分类、列报或披露，与按照适用的财务报告编制基础应当列示的金额、分类、列报或披露之间存在的差异。错报可能是由于错误或舞弊导致的。

当注册会计师对财务报表是否在所有重大方面按照适用的财务报告编制基础编制并实现公允反映发表审计意见时，错报还包括根据注册会计师的判断，为使财务报表在所有重大方面实现公允反映，需要对金额、分类、列报或披露作出的必要调整。

第十一条 审计证据，是指注册会计师为了得出审计结论和形成审计意见而使用的信息。审计证据包括构成财务报表基础的会计记录所含有的信息和其他信息。

审计证据的充分性，是对审计证据数量的衡量。注册会计师需要获取的审计证据的数量受其对重大错报风险评估的影响，并受审计证据质量的影响。

审计证据的适当性，是对审计证据质量的衡量，即审计证据在支持审计意见所依据的结论方面具有的相关性和可靠性。

第十二条 合理保证，是指注册会计师在财务报表审计中提供的一种高水平但非绝对的保证。

第十三条 审计风险，是指当财务报表存在重大错报时，注册会计师发表不恰当审计意见的可能性。审计风险取决于重大错报风险和检查风险。

第十四条 重大错报风险，是指财务报表在审计前存在重大错报的可能性。重大错报风险分为财务报表层次的重大错报风险和认定层次的重大错报风险。认定层次的重大错报风险由固定风险和控制风险两个部分组成。

固有风险，是指在考虑相关的内部控制之前，某类交易、账户余额或披露的某一认定易于发生错报（该错报单独或连同其他错报可能是重大的）的可能性。

控制风险，是指某类交易、账户余额或披露的某一认定发生错报，该错报单独或连同其他错报可能是重大的，但没有被内部控制及时防止或发现并纠正的可能性。

第十五条 检查风险，是指如果存在某一错报，该错报单独或连同其他错报可能是重大的，注册会计师为将审计风险降至可接受的低水平而实施程序后没有发现这种错报的风险。

第十六条 职业判断，是指在审计准则、财务报告编制基础和职业道德要求的框架下，注册会计师综合运用相关知识、技能和经验，作出适合审计业务具体情况、有根据的行动决策。

第十七条 职业怀疑，是指注册会计师执行审计业务的一种态度，包括采取质疑的思维方式，对可能表明由于错误或舞弊导致错报的迹象保持警觉，以及对审计证据进行审慎评价。

第三章 财务报表审计

第十八条 审计的目的是提高财务报表预期使用者对财务报表的信赖程度。这一目的可以通过注册会计师对财务报表是否在所有重大方面按照适用的财务报告编制基础编制发表审计意见得以实现。就大多数通用目的财务报告框架而言，注册会计师针对财务报表是否在所有重大方面按照财务报告编制基础编制并实现公允反映发表审计意见。注册会计师按照审计准则和相关职业道德要求执行审计工作，能够形成这样的意见。

第十九条 财务报表是由被审计单位管理层在治理层的监督下编制的。审计准则不对管理层或治理层设定责任，也不超越法律法规对管理层或治理层责任作出的规定。

管理层和治理层（如适用）认可与财务报表相关的责任，是注册会计师执行审计工作的前提，构成注册会计师按照审计准则的规定执行审计工作的基础。

财务报表审计并不减轻管理层或治理层的责任。

第二十条 注册会计师应当按照审计准则的规定，对财务报表整体是否不存在由于舞弊或错误导致的重大错报获取合理保证，以作为发表审计意见的基础。

合理保证是一种高水平保证。当注册会计师获取充分、适当的审计证据将审计风险降至可接受的低水平时，就获取了合理保证。

由于审计存在固有限制，注册会计师据以得出结论和形成审计意见的大多数审计证据是说服性而非结论性的，因此，审计只能提供合理保证，不能提供绝对保证。

第二十一条 在计划和执行审计工作，以及评价已识别出的错报对审计的影响和未更正的错报（如有）对财务报表的影响时，注册会计师应当运用重要性概念。

如果合理预期某一错报（包括漏报）单独或连同其他错报可能影响财务报表使用者依据财务报表作出的经济决策，则该项错报通常被认为是重大的。

重要性取决于在具体环境下对错报金额或性质的判断，或同时受到两者的影响，并受到注册会计师对于财务报表使用者对财务信息需求的了解的影响。

注册会计师针对财务报表整体发表审计意见，因此没有责任发现对财务报表整体影响并不重大的错报。

第二十二条 审计准则旨在规范和指导注册会计师对财务报表整体是否不存在重大错报获取合理保证，要求注册会计师在整个审计过程中运用职业判断和保持职业怀疑。

需要运用职业判断并保持职业怀疑的重要审计环节主要包括：

（一）通过了解被审计单位及其环境，识别和评估由于舞弊或错误导致的重大错报风险；

（二）通过对评估的风险设计和实施恰当的应对措施，针对是否存在重大错报获取充分、适当的审计证据；

（三）依据从获取的审计证据中得出的结论，对财务报表形成审计意见。

第二十三条 注册会计师发表审计意见的形式取决于适用的财务报告编制基础以及相关

法律法规的规定。

第二十四条 按照审计准则和相关法律法规的规定，注册会计师还可能就审计中出现的事项，负有与管理层、治理层和其他财务报表使用者进行沟通和向其报告的责任。

第四章 总体目标

第二十五条 在执行财务报表审计工作时，注册会计师的总体目标是：

（一）对财务报表整体是否不存在由于舞弊或错误导致的重大错报获取合理保证，使得注册会计师能够对财务报表是否在所有重大方面按照适用的财务报告编制基础编制发表审计意见；

（二）按照审计准则的规定，根据审计结果对财务报表出具审计报告，并与管理层和治理层沟通。

第二十六条 在任何情况下，如果不能获取合理保证，并且在审计报告中发表保留意见也不足以实现向财务报表预期使用者报告的目的，注册会计师应当按照审计准则的规定出具无法表示意见的审计报告，或者在法律法规允许的情况下终止审计业务或解除业务约定。

第五章 要 求

第一节 与财务报表审计相关的职业道德要求

第二十七条 注册会计师应当遵守与财务报表审计相关的职业道德要求，包括遵守有关独立性的要求。

第二节 职业怀疑

第二十八条 在计划和实施审计工作时，注册会计师应当保持职业怀疑，认识到可能存在导致财务报表发生重大错报的情形。

第三节 职业判断

第二十九条 在计划和实施审计工作时，注册会计师应当运用职业判断。

第四节 审计证据和审计风险

第三十条 为了获取合理保证，注册会计师应当获取充分、适当的审计证据，以将审计风险降至可接受的低水平，使其能够得出合理的结论，作为形成审计意见的基础。

第五节 按照审计准则的规定执行审计工作

第三十一条 注册会计师应当遵守与审计工作相关的所有审计准则。如果某项审计准则有效且所适用的情形存在，则该项审计准则与审计工作相关。

第三十二条 注册会计师应当掌握每项审计准则及应用指南的全部内容，以理解每项审计准则的目标并恰当地遵守其要求。

第三十三条 除非注册会计师已经遵守本准则以及与审计工作相关的其他所有审计准则，否则，注册会计师不得在审计报告中声称遵守了审计准则。

第三十四条 为了实现注册会计师的总体目标，在计划和实施审计工作时，注册会计师应当运用相关审计准则规定的目标。在运用规定的目标时，注册会计师应当认真考虑各项审计准则之间的相互关系，以采取下列措施：

（一）为了实现审计准则规定的目标，确定是否有必要实施除审计准则规定以外的其他审计程序；

（二）评价是否已获取充分、适当的审计证据。

第三十五条 除非存在下列情况之一，注册会计师应当遵守审计准则的所有要求：

（一）某项审计准则的全部内容与具体审计工作不相关；

（二）由于审计准则的某项要求存在适用条件，而该条件并不存在，导致该项要求不适用。

第三十六条 在极其特殊的情况下，注册会计师可能认为有必要偏离某项审计准则的相关要求。在这种情况下，注册会计师应当实施替代审计程序以实现相关要求的目的。只有当相关要求的内容是实施某项特定审计程序，而该程序无法在具体审计环境下有效地实现要求的目的时，注册会计师才能偏离该项要求。

第三十七条 如果不能实现相关审计准则规定的目标，注册会计师应当评价这是否使其不能实现总体目标。如果不能实现总体目标，注册会计师应当按照审计准则的规定出具非无保留意见的审计报告，或者在法律法规允许的情况下解除业务约定。

不能实现相关审计准则规定的目标构成重大事项，注册会计师应当按照《中国注册会计师审计准则第1131号——审计工作底稿》的规定予以记录。

第六章 附 则

第三十八条 本准则自2012年1月1日起施行。

中国注册会计师审计准则第1111号
——就审计业务约定条款达成一致意见

(2010年11月1日修订)

第一章 总 则

第一条 为了规范注册会计师确定审计的前提条件是否存在，以及与管理层就审计业务约定条款达成一致意见，制定本准则。

第二条 本准则规范被审计单位控制范围内的，注册会计师与管理层有必要达成一致意见的事项。《中国注册会计师审计准则第1121号——对财务报表审计实施的质量控制》规范注册会计师控制范围内的业务承接的有关事项。

第二章 定 义

第三条 审计的前提条件，是指管理层在编制财务报表时采用可接受的财务报告编制基础，以及管理层对注册会计师执行审计工作的前提的认同。

第四条 在本准则中单独提及的管理层，应当理解为管理层和治理层（如适用）。

第三章 目 标

第五条 注册会计师的目标是，只有通过实施下列工作就执行审计工作的基础达成一致意见，才承接或保持审计业务：

（一）确定审计的前提条件存在；

（二）确认注册会计师和管理层已就审计业务约定条款达成一致意见。

第四章 要 求

第一节 审计的前提条件

第六条 为了确定审计的前提条件是否存在，注册会计师应当：

（一）确定管理层在编制财务报表时采用的财务报告编制基础是否是可接受的；

（二）就管理层认可并理解其责任与管理层达成一致意见。

管理层的责任包括：

（一）按照适用的财务报告编制基础编制财务报表，并使其实现公允反映（如适用）；

（二）设计、执行和维护必要的内部控制，以使财务报表不存在由于舞弊或错误导致的重大错报；

（三）向注册会计师提供必要的工作条件，包括允许注册会计师接触与编制财务报表相关的所有信息（如记录、文件和其他事项），向注册会计师提供审计所需要的其他信息，允许注册会计师在获取审计证据时不受限制地接触其认为必要的内部人员和其他相关人员。

第七条 如果管理层或治理层在拟议的审计业务约定条款中对审计工作的范围施加限制，以致注册会计师认为这种限制将导致其对财务报表发表无法表示意见，注册会计师不应将该项业务作为审计业务予以承接，除非法律法规另有规定。

第八条 如果审计的前提条件不存在，注册会计师应当就此与管理层沟通。在下列情况下，除非法律法规另有规定，注册会计师不应承接拟议的审计业务：

（一）除本准则第十九条规定的情形外，注册会计师确定被审计单位在编制财务报表时采用的财务报告编制基础不可接受；

（二）注册会计师未能与管理层达成本准则第六条第一款第（二）项提及的一致意见。

第二节 就审计业务约定条款达成一致意见

第九条 注册会计师应当就审计业务约定条款与管理层或治理层（如适用）达成一致意见。

第十条 注册会计师应当将达成一致意见的审计业务约定条款记录于审计业务约定书或其他适当形式的书面协议中。审计业务约定条款应当包括下列主要内容：

（一）财务报表审计的目标与范围；

（二）注册会计师的责任；

（三）管理层的责任；

（四）指出用于编制财务报表所适用的财务报告编制基础；

（五）提及注册会计师拟出具的审计报告的预期形式和内容，以及对在特定情况下对出具的审计报告可能不同于预期形式和内容的说明。

第十一条 如果法律法规足够详细地规定了审计业务约定条款，注册会计师除了记录适用的法律法规以及管理层认可并理解其责任的事实外，不必将本准则第十条规定的事项记录于书面协议。

第十二条 如果法律法规规定的管理层的责任与本准则第六条第二款的规定相似，注册会计师根据判断可能确定法律法规规定的责任与本准则第六条第二款的规定在效果上是等同的。如果等同，注册会计师可以使用法律法规的措辞，在书面协议中描述管理层的责任；如果不等同，注册会计师应当使用本准则第六条第二款的措辞，在书面协议中描述这些责任。

第三节 连续审计

第十三条 对于连续审计，注册会计师应当根据具体情况评估是否要求对审计业务约定条款作出修改，以及是否需要提醒被审计单位注意现有的条款。

第四节 审计业务约定条款的变更

第十四条 在缺乏合理理由的情况下，注册会计师不应同意变更审计业务约定条款。

第十五条 在完成审计业务前，如果被审计单位或委托人要求将审计业务变更为保证程度较低的业务，注册会计师应当确定是否存在合理理由予以变更。

第十六条 如果审计业务约定条款发生变更，注册会计师应当与管理层就新的业务约定条款达成一致意见，并记录于业务约定书或其他适当形式的书面协议中。

第十七条 如果注册会计师不同意变更审计业务约定条款，而管理层又不允许继续执行原审计业务，注册会计师应当：

（一）在适用的法律法规允许的情况下，解除审计业务约定；

（二）确定是否有约定义务或其他义务向治理层、所有者或监管机构等报告该事项。

第五节 业务承接时的其他考虑

第十八条 如果相关部门对涉及财务会计的事项作出补充规定，注册会计师在承接审计业务时应当确定该补充规定是否与企业会计准则存在冲突。

如果存在冲突，注册会计师应当与管理层沟通补充规定的性质，并就下列事项之一达成一致意见：

（一）在财务报表中作出额外披露能否满足补充规定的要求；

（二）对财务报表中关于适用的财务报告编制基础的描述是否可以作出相应修改。

如果无法采取上述任何措施，按照《中国注册会计师审计准则第 1502 号——在审计报告中发表非无保留意见》的规定，注册会计师应当确定是否有必要发表非无保留意见。

第十九条 如果相关部门要求采用的财务报告编制基础不可接受，只有同时满足下列所有条件，注册会计师才能承接该项审计业务：

（一）管理层同意在财务报表中作出额外披露，以避免财务报表产生误导；

（二）在审计业务约定条款中明确，注册会计师按照《中国注册会计师审计准则第 1503 号——在审计报告中增加强调事项段和其他事项段》的规定，在审计报告中增加强调事项段，以提醒使用者关注额外披露；注册会计师在对财务报表发表的审计意见中不使用"财务报表在所有重大方面按照［适用的财务报告编制基础］编制，公允反映了……"等措辞，除非法律法规另有规定。

第二十条 如果不具备本准则第十九条规定的条件，但相关部门要求注册会计师承接审计业务，注册会计师应当：

（一）评价财务报表误导的性质对审计报告的影响；

（二）在审计业务约定条款中适当提及该事项。

第二十一条 如果相关部门规定的审计报告的结构或措辞与审计准则要求的明显不一致，注册会计师应当评价：

（一）使用者是否可能误解从财务报表审计中获取的保证；

（二）如果可能存在误解，审计报告中作出的补充解释是否能够减轻这种误解。

如果认为审计报告中作出的补充解释不能减轻可能的误解，除非法律法规另有规定，注册会计师不应承接该项审计业务。

按照相关部门的这类规定执行的审计工作，并不符合审计准则的要求。因此，注册会计师不应在审计报告中提及已按照审计准则的规定执行了审计工作。

第五章 附 则

第二十二条 本准则自 2012 年 1 月 1 日起施行。

中国注册会计师审计准则第1131号
——审计工作底稿

第一章 总 则

第一条 为了规范审计工作底稿的格式、内容和范围以及审计工作底稿的归档,明确注册会计师在财务报表审计中编制审计工作底稿的责任,制定本准则。

第二条 本准则附录中列示的其他审计准则,对在特定情况下就相关事项编制审计工作底稿提出具体要求,但并不构成对本准则普遍适用性的限制。相关法律法规也可能对编制审计工作底稿提出额外要求。

第三条 在符合本准则和其他相关审计准则要求的情况下,审计工作底稿能够实现下列目的:

(一)提供证据,作为注册会计师得出实现总体目标结论的基础;

(二)提供证据,证明注册会计师按照审计准则和相关法律法规的规定计划和执行了审计工作。

第四条 审计工作底稿还可以实现下列目的:

(一)有助于项目组计划和执行审计工作;

(二)有助于负责督导的项目组成员按照《中国注册会计师审计准则第1121号——对财务报表审计实施的质量控制》的规定,履行指导、监督与复核审计工作的责任;

(三)便于项目组说明其执行审计工作的情况;

(四)保留对未来审计工作持续产生重大影响的事项的记录;

(五)便于会计师事务所按照《质量控制准则第5101号——会计师事务所对执行财务报表审计和审阅、其他鉴证和相关服务业务实施的质量控制》的规定,实施质量控制复核与检查;

(六)便于监管机构和注册会计师协会根据相关法律法规或其他相关要求,对会计师事务所实施执业质量检查。

第二章 定 义

第五条 审计工作底稿,是指注册会计师对制订的审计计划、实施的审计程序、获取的相关审计证据,以及得出的审计结论作出的记录。

第六条 审计档案,是指一个或多个文件夹或其他存储介质,以实物或电子形式存储构成某项具体业务的审计工作底稿的记录。

第七条 有经验的专业人士,是指会计师事务所内部或外部的具有审计实务经验,并且对下列方面有合理了解的人士:

(一)审计过程;

(二)审计准则和相关法律法规的规定;

(三)被审计单位所处的经营环境;

(四)与被审计单位所处行业相关的会计和审计问题。

第三章 目 标

第八条 注册会计师的目标是,编制审计工作底稿以便:

(一) 提供充分、适当的记录,作为出具审计报告的基础;

(二) 提供证据,证明注册会计师已按照审计准则和相关法律法规的规定计划和执行了审计工作。

第四章 要 求

第一节 及时编制审计工作底稿

第九条 注册会计师应当及时编制审计工作底稿。

第二节 记录实施的审计程序和获取的审计证据

第十条 注册会计师编制的审计工作底稿,应当使得未曾接触该项审计工作的有经验的专业人士清楚了解:

(一) 按照审计准则和相关法律法规的规定实施的审计程序的性质、时间安排和范围;

(二) 实施审计程序的结果和获取的审计证据;

(三) 审计中遇到的重大事项和得出的结论,以及在得出结论时作出的重大职业判断。

第十一条 在记录已实施审计程序的性质、时间安排和范围时,注册会计师应当记录:

(一) 测试的具体项目或事项的识别特征;

(二) 审计工作的执行人员及完成审计工作的日期;

(三) 审计工作的复核人员及复核的日期和范围。

第十二条 注册会计师应当记录与管理层、治理层和其他人员对重大事项的讨论,包括所讨论的重大事项的性质以及讨论的时间、地点和参加人员。

第十三条 如果识别出的信息与针对某重大事项得出的最终结论不一致,注册会计师应当记录如何处理该不一致的情况。

第十四条 在极其特殊的情况下,如果认为有必要偏离某项审计准则的相关要求,注册会计师应当记录实施的替代审计程序如何实现相关要求的目的以及偏离的原因。

第十五条 在某些例外情况下,如果在审计报告日后实施了新的或追加的审计程序,或者得出新的结论,注册会计师应当记录:

(一) 遇到的例外情况;

(二) 实施的新的或追加的审计程序,获取的审计证据,得出的结论,以及对审计报告的影响;

(三) 对审计工作底稿作出相应变动的时间和人员,以及复核的时间和人员。

第十六条 编制审计工作底稿的文字应当使用中文。少数民族自治地区可以同时使用少数民族文字。中国境内的中外合作会计师事务所、国际会计公司成员所可以同时使用某种外国文字。会计师事务所执行涉外业务时可以同时使用某种外国文字。

第三节 审计工作底稿的归档

第十七条 注册会计师应当在审计报告日后及时将审计工作底稿归整为审计档案,并完成归整最终审计档案过程中的事务性工作。

审计工作底稿的归档期限为审计报告日后 60 天内。

如果注册会计师未能完成审计业务，审计工作底稿的归档期限为审计业务中止后的60天内。

第十八条 在完成最终审计档案的归整工作后，注册会计师不应在规定的保存期限届满前删除或废弃任何性质的审计工作底稿。

第十九条 会计师事务所应当自审计报告日起，对审计工作底稿至少保存十年。

如果注册会计师未能完成审计业务，会计师事务所应当自审计业务中止日起，对审计工作底稿至少保存十年。

第二十条 除本准则第十五条规定的情况外，在完成最终审计档案归整工作后，如果注册会计师发现有必要修改现有审计工作底稿或增加新的审计工作底稿，无论修改或增加的性质如何，注册会计师均应当记录：

（一）修改或增加审计工作底稿的理由；

（二）修改或增加审计工作底稿的时间和人员，以及复核的时间和人员。

第五章 附 则

第二十一条 本准则自2012年1月1日起施行。

中国注册会计师审计准则第1221号
——计划和执行审计工作时的重要性

(2010年11月1日修订)

第一章 总 则

第一条 为了规范注册会计师在计划和执行财务报表审计工作时运用重要性概念,制定本准则。

第二条 《中国注册会计师审计准则第1251号——评价审计过程中识别出的错报》规范注册会计师在评价识别出的错报对审计的影响以及未更正错报对财务报表的影响时,如何运用重要性概念。

第三条 财务报告编制基础通常从编制和列报财务报表的角度阐释重要性概念。财务报告编制基础可能以不同的术语解释重要性,但通常而言,重要性概念可从下列方面进行理解:

(一)如果合理预期错报(包括漏报)单独或汇总起来可能影响财务报表使用者依据财务报表作出的经济决策,则通常认为错报是重大的;

(二)对重要性的判断是根据具体环境作出的,并受错报的金额或性质的影响,或受两者共同作用的影响;

(三)判断某事项对财务报表使用者是否重大,是在考虑财务报表使用者整体共同的财务信息需求的基础上作出的。由于不同财务报表使用者对财务信息的需求可能差异很大,因此不考虑错报对个别财务报表使用者可能产生的影响。

第四条 适用的财务报告编制基础对重要性概念的规定,为注册会计师在审计工作中确定重要性提供了参考依据。如果适用的财务报告编制基础未对重要性概念作出规定,本准则第三条为注册会计师确定重要性提供了参考依据。

第五条 注册会计师对重要性的确定属于职业判断,受注册会计师对财务报表使用者对财务信息需求的认识的影响。就审计而言,注册会计师针对财务报表使用者作出下列假定是合理的:

(一)拥有经营、经济活动和会计方面的适当知识,并有意愿认真研究财务报表中的信息;

(二)理解财务报表是在运用重要性水平基础上编制、列报和审计的;

(三)认可建立在对估计和判断的应用以及对未来事项的考虑的基础上的会计计量具有固有的不确定性;

(四)依据财务报表中的信息作出合理的经济决策。

第六条 在计划和执行审计工作,评价识别出的错报对审计的影响,以及未更正错报对财务报表和审计意见的影响时,注册会计师需要运用重要性概念。

第七条 在计划审计工作时,注册会计师需要对认为重大的错报金额作出判断。作出的判断为下列方面提供了基础:

(一)确定风险评估程序的性质、时间安排和范围;

（二）识别和评估重大错报风险；

（三）确定进一步审计程序的性质、时间安排和范围。

在计划审计工作时确定的重要性（即确定的某一金额），并不必然表明单独或汇总起来低于该金额的未更正错报一定被评价为不重大。即使某些错报低于重要性，与这些错报相关的具体情形可能使注册会计师将其评价为重大。

尽管设计审计程序以发现仅因其性质而可能被评价为重大的错报并不可行，但是注册会计师在评价未更正错报对财务报表的影响时，不仅要考虑错报金额的大小，还要考虑错报的性质以及错报发生的特定环境。

第二章 定 义

第八条 实际执行的重要性，是指注册会计师确定的低于财务报表整体的重要性的一个或多个金额，旨在将未更正和未发现错报的汇总数超过财务报表整体的重要性的可能性降至适当的低水平。如果适用，实际执行的重要性还指注册会计师确定的低于特定类别的交易、账户余额或披露的重要性水平的一个或多个金额。

第三章 目 标

第九条 注册会计师的目标是，在计划和执行审计工作时恰当地运用重要性概念。

第四章 要 求

第一节 计划审计工作时确定重要性和实际执行的重要性

第十条 在制定总体审计策略时，注册会计师应当确定财务报表整体的重要性。根据被审计单位的特定情况，如果存在一个或多个特定类别的交易、账户余额或披露，其发生的错报金额虽然低于财务报表整体的重要性，但合理预期可能影响财务报表使用者依据财务报表作出的经济决策，注册会计师还应当确定适用于这些交易、账户余额或披露的一个或多个重要性水平。

第十一条 注册会计师应当确定实际执行的重要性，以评估重大错报风险并确定进一步审计程序的性质、时间安排和范围。

第二节 审计过程中修改重要性

第十二条 如果在审计过程中获知了某项信息，而该信息可能导致注册会计师确定与原来不同的财务报表整体的重要性或者特定类别的交易、账户余额或披露的一个或多个重要性水平（如适用），注册会计师应当予以修改。

第十三条 如果认为运用低于最初确定的财务报表整体的重要性和特定类别的交易、账户余额或披露的一个或多个重要性水平（如适用）是适当的，注册会计师应当确定是否有必要修改实际执行的重要性，并确定进一步审计程序的性质、时间安排和范围是否仍然适当。

第三节 审计工作底稿

第十四条 注册会计师应当在审计工作底稿中记录下列金额以及在确定这些金额时考虑的因素：

（一）财务报表整体的重要性；

（二）特定类别的交易、账户余额或披露的一个或多个重要性水平（如适用）；

（三）实际执行的重要性；

（四）随着审计过程的推进，对本条第（一）项至第（三）项内容作出的任何修改。

第五章 附 则

第十五条 本准则自 2012 年 1 月 1 日起施行。

中国注册会计师审计准则第1301号
——审计证据

（2010年11月1日修订）

第一章 总 则

第一条 为了规范注册会计师在财务报表审计中确定审计证据的构成，明确注册会计师设计和实施审计程序以获取充分、适当的审计证据的责任，制定本准则。

第二条 本准则适用于注册会计师在审计过程中获取和评价所有审计证据。其他审计准则，对获取和评价审计证据提出了进一步要求。例如，《中国注册会计师审计准则第1211号——通过了解被审计单位及其环境识别和评估重大错报风险》等准则规范了审计的具体方面对审计证据的要求；《中国注册会计师审计准则第1324号——持续经营》等准则规范了针对特定问题需要获取的审计证据；《中国注册会计师审计准则第1313号——分析程序》等准则规范了获取审计证据需要实施的具体程序；《中国注册会计师审计准则第1101号——注册会计师的总体目标和审计工作的基本要求》和《中国注册会计师审计准则第1231号——针对评估的重大错报风险采取的应对措施》等准则规范了对已获取审计证据的充分性和适当性的评价。

第三条 审计证据的可靠性受其来源和性质的影响，并取决于获取审计证据的具体环境。判断审计证据可靠性的一般原则包括：

（一）从被审计单位外部独立来源获取的审计证据比从其他来源获取的审计证据更可靠；

（二）相关控制有效时内部生成的审计证据比控制薄弱时内部生成的审计证据更可靠；

（三）直接获取的审计证据比间接获取或推论得出的审计证据更可靠；

（四）以文件记录形式（包括纸质、电子或其他介质）存在的审计证据比口头形式的审计证据更可靠；

（五）从原件获取的审计证据比从复印、传真或通过拍摄、数字化或其他方式转化成电子形式的文件获取的审计证据更可靠。

通常情况下，注册会计师以函证方式直接从被询证者获取的审计证据，比被审计单位内部生成的审计证据更可靠。通过函证等方式从独立来源获取的相互印证的信息，可以提高注册会计师从会计记录或管理层书面声明中获取的审计证据的保证水平。

第二章 定 义

第四条 审计证据，是指注册会计师为了得出审计结论和形成审计意见而使用的信息。审计证据包括构成财务报表基础的会计记录所含有的信息和其他信息。

第五条 会计记录，是指对初始会计分录形成的记录和支持性记录。例如，支票、电子资金转账记录、发票和合同；总分类账、明细分类账、会计分录以及对财务报表予以调整但未在账簿中反映的其他分录；支持成本分配、计算、调节和披露的手工计算表和电子数据表。

第六条 审计证据的充分性，是对审计证据数量的衡量。注册会计师需要获取的审计证据的数量受其对重大错报风险评估的影响，并受审计证据质量的影响。

第七条 审计证据的适当性，是对审计证据质量的衡量，即审计证据在支持审计意见所依据的结论方面具有的相关性和可靠性。

第八条 管理层的专家，是指在会计、审计以外的某一领域具有专长的个人或组织，其工作被管理层利用以协助编制财务报表。

第三章 目　标

第九条 注册会计师的目标是，通过恰当的方式设计和实施审计程序，获取充分、适当的审计证据，以得出合理的结论，作为形成审计意见的基础。

第四章 要　求

第一节 充分、适当的审计证据

第十条 注册会计师应当根据具体情况设计和实施恰当的审计程序，以获取充分、适当的审计证据。

第二节 用作审计证据的信息

第十一条 在设计和实施审计程序时，注册会计师应当考虑用作审计证据的信息的相关性和可靠性。

第十二条 如果用作审计证据的信息在编制时利用了管理层的专家的工作，注册会计师应当考虑管理层的专家的工作对实现注册会计师目的的重要性，并在必要的范围内实施下列程序：

（一）评价管理层的专家的胜任能力、专业素质和客观性；

（二）了解管理层的专家的工作；

（三）评价将管理层的专家的工作用作相关认定的审计证据的适当性。

第十三条 在使用被审计单位生成的信息时，注册会计师应当评价该信息对实现注册会计师的目的是否足够可靠，包括根据具体情况在必要时实施下列程序：

（一）获取有关信息准确性和完整性的审计证据；

（二）评价信息对实现审计目的是否足够准确和详细。

第三节 选取测试项目以获取审计证据

第十四条 在设计控制测试和细节测试时，注册会计师应当确定选取测试项目的方法以有效实现审计程序的目的。

第四节 审计证据之间存在不一致或对审计证据可靠性存有疑虑

第十五条 如果存在下列情形之一，注册会计师应当确定需要修改或追加哪些审计程序予以解决，并考虑存在的情形对审计其他方面的影响：

（一）从某一来源获取的审计证据与从另一来源获取的不一致；

（二）注册会计师对用作审计证据的信息的可靠性存有疑虑。

第五章 附　则

第十六条 本准则自 2012 年 1 月 1 日起施行。

中国注册会计师审计准则第1312号
——函证

第一章 总 则

第一条 为了规范注册会计师按照《中国注册会计师审计准则第1231号——针对评估的重大错报风险采取的应对措施》和《中国注册会计师审计准则第1301号——审计证据》的规定使用函证程序,以获取相关、可靠的审计证据,制定本准则。

第二条 本准则不适用于注册会计师对被审计单位诉讼和索赔事项实施询问程序。《中国注册会计师审计准则第1311号——对存货、诉讼和索赔、分部信息等特定项目获取审计证据的具体考虑》规定了有关诉讼和索赔的审计程序。

第三条 《中国注册会计师审计准则第1301号——审计证据》规定,审计证据的可靠性受其来源和性质的影响,并取决于获取审计证据的具体环境。

判断审计证据可靠性的一般原则包括:

(一)从被审计单位外部独立来源获取的审计证据比从其他来源获取的审计证据更可靠;

(二)直接获取的审计证据比间接获取或推论得出的审计证据更可靠;

(三)以文件记录形式(包括纸质、电子或其他介质)存在的审计证据比口头形式的审计证据更可靠。

通常情况下,注册会计师以函证方式直接从被询证者获取的审计证据,比被审计单位内部生成的审计证据更可靠。

第四条 下列审计准则明确了实施函证程序以获取审计证据的重要性:

(一)《中国注册会计师审计准则第1231号——针对评估的重大错报风险采取的应对措施》规定,注册会计师应当针对评估的财务报表层次重大错报风险,设计和实施总体应对措施,针对评估的认定层次重大错报风险,设计和实施进一步审计程序(包括审计程序的性质、时间安排和范围);无论评估的重大错报风险结果如何,注册会计师都应当针对所有重大类别的交易、账户余额和披露,设计和实施实质性程序;注册会计师应当考虑是否将函证程序用作实质性程序。

(二)《中国注册会计师审计准则第1231号——针对评估的重大错报风险采取的应对措施》规定,评估的风险越高,需要获取越有说服力的审计证据。为此,注册会计师可以增加审计证据的数量或者获取更相关、更可靠的审计证据,或将两种方式结合使用。例如,注册会计师更加重视直接从第三方获取审计证据,或从不同的独立来源获取相互印证的审计证据。实施函证程序,可以帮助注册会计师获取可靠性高的审计证据,以应对由于舞弊或错误导致的特别风险。

(三)《中国注册会计师审计准则第1141号——财务报表审计中与舞弊相关的责任》规定,针对由于舞弊导致的认定层次重大错报风险,注册会计师应当考虑实施函证程序以获取更多的相互印证的信息。

（四）《中国注册会计师审计准则第1301号——审计证据》规定，通过函证等方式从独立来源获取的相互印证的信息，可以提高注册会计师从会计记录或管理层书面声明中获取的审计证据的保证水平。

第二章 定　义

第五条　函证（即外部函证），是指注册会计师直接从第三方（被询证者）获取书面答复作为审计证据的过程，书面答复可以采用纸质、电子或其他介质等形式。

第六条　积极式函证，是指要求被询证者直接向注册会计师回复，表明是否同意询证函所列示的信息，或填列所要求的信息的一种询证方式。

第七条　消极式函证，是指要求被询证者只有在不同意询证函所列示的信息时才直接向注册会计师回复的一种询证方式。

第八条　未回函，是指被询证者对积极式询证函未予回复或回复不完整，或询证函因未被送达而退回。

第九条　不符事项，是指被询证者提供的信息与询证函要求确认的信息不一致，或与被审计单位记录的信息不一致。

第三章 目　标

第十条　在使用函证程序时，注册会计师的目标是，设计和实施函证程序，以获取相关、可靠的审计证据。

第四章 要　求

第一节 函证程序

第十一条　注册会计师应当确定是否有必要实施函证程序以获取认定层次的相关、可靠的审计证据。在作出决策时，注册会计师应当考虑评估的认定层次重大错报风险，以及通过实施其他审计程序获取的审计证据如何将检查风险降至可接受的水平。

第十二条　注册会计师应当对银行存款、借款（包括零余额账户和在本期内注销的账户）、借款及与金融机构往来的其他重要信息实施函证程序，除非有充分证据表明某一银行存款、借款及与金融机构往来的其他重要信息对财务报表不重要且与之相关的重大错报风险很低。

如果不对这些项目实施函证程序，注册会计师应当在审计工作底稿中说明理由。

第十三条　注册会计师应当对应收账款实施函证程序，除非有充分证据表明应收账款对财务报表不重要，或函证很可能无效。

如果认为函证很可能无效，注册会计师应当实施替代审计程序，获取相关、可靠的审计证据。

如果不对应收账款函证，注册会计师应当在审计工作底稿中说明理由。

第十四条　当实施函证程序时，注册会计师应当对询证函保持控制，包括：

（一）确定需要确认或填列的信息；

（二）选择适当的被询证者；

（三）设计询证函，包括正确填列被询证者的姓名和地址，以及被询证者直接向注册会计师回函的地址等信息；

（四）发出询证函并予以跟进，必要时再次向被询证者寄发询证函。

第二节 管理层不允许寄发询证函

第十五条 如果管理层不允许寄发询证函，注册会计师应当：

（一）询问管理层不允许寄发询证函的原因，并就其原因的正当性及合理性收集审计证据；

（二）评价管理层不允许寄发询证函对评估的相关重大错报风险（包括舞弊风险），以及其他审计程序的性质、时间安排和范围的影响；

（三）实施替代程序，以获取相关、可靠的审计证据。

第十六条 如果认为管理层不允许寄发询证函的原因不合理，或实施替代程序无法获取相关、可靠的审计证据，注册会计师应当按照《中国注册会计师审计准则第1151号——与治理层的沟通》的规定，与治理层进行沟通。注册会计师还应当按照《中国注册会计师审计准则第1502号——在审计报告中发表非无保留意见》的规定，确定其对审计工作和审计意见的影响。

第三节 实施函证程序的结果

第十七条 如果存在对询证函回函的可靠性产生疑虑的因素，注册会计师应当进一步获取审计证据以消除这些疑虑。

第十八条 如果认为询证函回函不可靠，注册会计师应当评价其对评估的相关重大错报风险（包括舞弊风险），以及其他审计程序的性质、时间安排和范围的影响。

第十九条 在未回函的情况下，注册会计师应当实施替代程序以获取相关、可靠的审计证据。

第二十条 如果注册会计师认为取得积极式函证回函是获取充分、适当的审计证据的必要程序，则替代程序不能提供注册会计师所需要的审计证据。在这种情况下，如果未获取回函，注册会计师应当按照《中国注册会计师审计准则第1502号——在审计报告中发表非无保留意见》的规定，确定其对审计工作和审计意见的影响。

第二十一条 注册会计师应当调查不符事项，以确定是否表明存在错报。

第四节 消极式函证

第二十二条 消极式函证比积极式函证提供的审计证据的说服力低。除非同时满足下列条件，注册会计师不得将消极式函证作为唯一实质性程序，以应对评估的认定层次重大错报风险：

（一）注册会计师将重大错报风险评估为低水平，并已就与认定相关的控制的运行的有效性获取充分、适当的审计证据；

（二）需要实施消极式函证程序的总体由大量的小额、同质的账户余额、交易或事项构成；

（三）预期不符事项的发生率很低；

（四）没有迹象表明接收询证函的人员或机构不认真对待函证。

第五节 评价获取的审计证据

第二十三条 注册会计师应当评价实施函证程序的结果是否提供了相关、可靠的审计证据，或是否有必要进一步获取审计证据。

第五章 附 则

第二十四条 本准则自2012年1月1日起施行。

附录二　中国注册会计师职业道德守则（选录）

中国注册会计师职业道德守则第1号
——职业道德基本原则

第一章　总则
第二章　诚信
第三章　独立性
第四章　客观和公正
第五章　专业胜任能力和应有的关注
第六章　保密
第七章　良好职业行为
第八章　附则

第一章　总　　则

第一条　为了规范注册会计师职业行为，提高注册会计师职业道德水平，维护注册会计师职业形象，根据《中华人民共和国注册会计师法》，和《中国注册会计师协会章程》，制定本守则。

第二条　注册会计师应当遵守本守则，履行相应的社会责任，维护公众利益。

第三条　注册会计师应当遵守诚信原则、客观和公正原则，在执行审计和审阅业务以及其他鉴证业务时保持独立性。

第四条　注册会计师应当获取和保持专业胜任能力，保持应有的关注，勤勉尽责。

第五条　注册会计师应当履行保密义务，对职业活动中获知的涉密信息保密。

第六条　注册会计师应当维护职业声誉，树立良好的职业形象。

第二章　诚　　信

第七条　注册会计师应当在所有的职业活动中，保持正直，诚实守信。

第八条　注册会计师如果认为业务报告、申报资料或其他信息存在下列问题，则不得与这些有问题的信息发生牵连：

（一）含有严重虚假或误导性的陈述；

（二）含有缺少充分依据的陈述或信息；

（三）存在遗漏或含糊其辞的信息。

注册会计师如果注意到已与有问题的信息发生牵连，应当采取措施消除牵连。

第九条　在鉴证业务中，如果存在本守则第八条第一款的情形，注册会计师依据执业准则出具了恰当的非标准业务报告，不被视为违反第八条的规定。

附录二 中国注册会计师职业道德守则（选录）

第三章 独　立　性

第十条 注册会计师执行审计和审阅业务以及其他鉴证业务时，应当从实质上和形式上保持独立性，不得因任何利害关系影响其客观性。

第十一条 会计师事务所在承办审计和审阅业务以及其他鉴证业务时，应当从整体层面和具体业务层面采取措施，以保持会计师事务所和项目组的独立性。

第四章 客观和公正

第十二条 注册会计师应当公正处事、实事求是，不得由于偏见、利益冲突或他人的不当影响而损害自己的职业判断。

第十三条 如果存在导致职业判断出现偏差，或对职业判断产生不当影响的情形，注册会计师不得提供相关专业服务。

第五章 专业胜任能力和应有的关注

第十四条 注册会计师应当通过教育、培训和执业实践获取和保持专业胜任能力。

第十五条 注册会计师应当持续了解并掌握当前法律、技术和实务的发展变化，将专业知识和技能始终保持在应有的水平，确保为客户提供具有专业水准的服务。

第十六条 在应用专业知识和技能时，注册会计师应当合理运用职业判断。

第十七条 注册会计师应当保持应有的关注，遵守执业准则和职业道德规范的要求，勤勉尽责，认真、全面、及时地完成工作任务。

第十八条 注册会计师应当采取适当措施，确保在其领导下工作的人员得到应有的培训和督导。

第十九条 注册会计师在必要时应当使客户以及业务报告的其他使用者了解专业服务的固有局限性。

第六章 保　密

第二十条 注册会计师应当对职业活动中获知的涉密信息保密，不得有下列行为：

（一）未经客户授权或法律法规允许，向会计师事务所以外的第三方披露其所获知的涉密信息；

（二）利用所获知的涉密信息为自己或第三方谋取利益。

第二十一条 注册会计师应当对拟接受的客户或拟受雇的工作单位向其披露的涉密信息保密。

第二十二条 注册会计师应当对所在会计师事务所的涉密信息保密。

第二十三条 注册会计师在社会交往中应当履行保密义务，警惕无意中泄密的可能性，特别是警惕无意中向近亲属或关系密切的人员泄密的可能性。

第二十四条 注册会计师应当采取措施，确保下级员工以及提供建议和帮助的人员履行保密义务。

第二十五条 在终止与客户的关系后，注册会计师应当对以前在职业活动中获知的涉密信息保密。

如果获得新客户，注册会计师可以利用以前的经验，但不得利用或披露以前职业活动中获知的涉密信息。

第二十六条 在下列情形下，注册会计师可以披露涉密信息：

（一）法律法规允许披露，并且取得客户的授权；

（二）根据法律法规的要求，为法律诉讼、仲裁准备文件或提供证据，以及向监管机构报告所发现的违法行为；

（三）法律法规允许的情况下，在法律诉讼、仲裁中维护自己的合法权益；

（四）接受注册会计师协会或监管机构的执业质量检查，答复其询问和调查；

（五）法律法规、执业准则和职业道德规范规定的其他情形。

第二十七条 在决定是否披露涉密信息时，注册会计师应当考虑下列因素：

（一）客户同意披露的涉密信息，是否为法律法规所禁止；

（二）如果客户同意披露涉密信息，是否会损害利害关系人的利益；

（三）是否已了解和证实所有相关信息。

（四）信息披露的方式和对象。

（五）可能承担的法律责任和后果。

第七章 良好职业行为

第二十八条 注册会计师应当遵守相关法律法规，避免发生任何损害职业声誉的行为。

第二十九条 注册会计师在向公众传递信息以及推介自己和工作时，应当客观、真实、得体，不得损害职业形象。

第三十条 注册会计师应当诚实、实事求是，不得有下列行为：

（一）夸大宣传提供的服务、拥有的资质或获得的经验；

（二）贬低或无根据地比较其他注册会计师的工作。

第八章 附　则

第三十一条 本守则自 2010 年 7 月 1 日起施行。

附录二 中国注册会计师职业道德守则（选录）

中国注册会计师职业道德守则第2号
——职业道德概念框架

第一章　总则
第二章　对遵循职业道德基本原则产生不利影响的因素
第三章　应对不利影响的防范措施
第四章　道德冲突问题的解决
第五章　附则

第一章　总　　则

第一条　为了规范注册会计师职业行为，建立职业道德概念框架，指导注册会计师遵循职业道德基本原则，制定本守则。

第二条　职业道德概念框架是指解决职业道德问题的思路和方法，用以指导注册会计师：

（一）识别对职业道德基本原则的不利影响；

（二）评价不利影响的严重程度；

（三）必要时采取防范措施消除不利影响或将其降低至可接受的水平。

第三条　在运用职业道德概念框架时，注册会计师应当运用职业判断。

第四条　如果发现存在可能违反职业道德基本原则的情形，注册会计师应当评价其对职业道德基本原则的不利影响。在评价不利影响的严重程度时，注册会计师应当从性质和数量两个方面予以考虑。

第五条　如果认为对职业道德基本原则的不利影响超出可接受的水平，注册会计师应当确定是否能够采取防范措施消除不利影响或将其降低至可接受的水平。

第二章　对遵循职业道德基本原则产生不利影响的因素

第六条　注册会计师对职业道德基本原则的遵循可能受到多种因素的不利影响。不利影响的性质和严重程度因注册会计师提供服务类型的不同而不同。

可能对遵循职业道德基本原则产生不利影响的因素包括自身利益、自我评价、过度推介、密切关系和外在压力。

第七条　自身利益导致不利影响的情形主要包括：

（一）鉴证业务项目组成员在鉴证客户中拥有直接经济利益；

（二）会计师事务所的收入过分依赖某一客户；

（三）鉴证业务项目组成员与鉴证客户存在重要且密切的商业关系；

（四）会计师事务所担心可能失去某一重要客户；

（五）鉴证业务项目组成员正在与鉴证客户协商受雇于该客户；

（六）会计师事务所与客户就鉴证业务达成或有收费的协议；

（七）注册会计师在评价所在会计师事务所以往提供的专业服务时，发现了重大错误。

第八条　自我评价导致不利影响的情形主要包括：

（一）会计师事务所在对客户提供财务系统的设计或操作服务后，又对系统的运行有效性出具鉴证报告；

（二）会计师事务所为客户编制原始数据，这些数据构成鉴证业务的对象；

（三）鉴证业务项目组成员担任或最近曾经担任客户的董事或高级管理人员；

（四）鉴证业务项目组成员目前或最近曾受雇于客户，并且所处职位能够对鉴证对象施加重大影响；

（五）会计师事务所为鉴证客户提供直接影响鉴证对象信息的其他服务。

第九条 过度推介导致不利影响的情形主要包括：

（一）会计师事务所推介审计客户的股份；

（二）在审计客户与第三方发生诉讼或纠纷时，注册会计师担任该客户的辩护人。

第十条 密切关系导致不利影响的情形主要包括：

（一）项目组成员的近亲属担任客户的董事或高级管理人员；

（二）项目组成员的近亲属是客户的员工，其所处职位能够对业务对象施加重大影响；

（三）客户的董事、高级管理人员或所处职位能够对业务对象施加重大影响的员工，最近曾担任会计师事务所的项目合伙人；

（四）注册会计师接受客户的礼品或款待；

（五）会计师事务所的合伙人或高级员工与鉴证客户存在长期业务关系。

第十一条 外在压力导致不利影响的情形主要包括：

（一）会计师事务所受到客户解除业务关系的威胁；

（二）审计客户表示，如果会计师事务所不同意对某项交易的会计处理，则不再委托其承办拟议中的非鉴证业务；

（三）客户威胁将起诉会计师事务所；

（四）会计师事务所受到降低收费的影响而不恰当地缩小工作范围；

（五）由于客户员工对所讨论的事项更具有专长，注册会计师面临服从其判断的压力；

（六）会计师事务所合伙人告知注册会计师，除非同意审计客户不恰当的会计处理，否则将影响晋升。

第三章 应对不利影响的防范措施

第十二条 注册会计师应当运用判断，确定如何应对超出可接受水平的不利影响，包括采取防范措施消除不利影响或将其降低至可接受的水平，或者终止业务约定或拒绝接受业务委托。

在运用判断时，注册会计师应当考虑：一个理性且掌握充分信息的第三方，在权衡注册会计师当时可获得的所有具体事实和情况后，是否很可能认为这些防范措施能够消除不利影响或将其降低至可接受的水平，以使职业道德基本原则不受损害。

第十三条 应对不利影响的防范措施包括下列两类：

（一）法律法规和职业规范规定的防范措施；

（二）在具体工作中采取的防范措施。

第十四条 法律法规和职业规范规定的防范措施主要包括：

（一）取得注册会计师资格必需的教育、培训和经验要求；

（二）持续的职业发展要求；

（三）公司治理方面的规定；

（四）执业准则和职业道德规范的要求；

（五）监管机构或注册会计师协会的监控和惩戒程序；

（六）由依法授权的第三方对注册会计师编制的业务报告、申报资料或其他信息进行外部复核。

第十五条 在具体工作中，应对不利影响的防范措施包括会计师事务所层面的防范措施和具体业务层面的防范措施。

第十六条 会计师事务所层面的防范措施主要包括：

（一）领导层强调遵循职业道德基本原则的重要性；

（二）领导层强调鉴证业务项目组成员应当维护公众利益；

（三）制定有关政策和程序，实施项目质量控制，监督业务质量；

（四）制定有关政策和程序，识别对职业道德基本原则的不利影响，评价不利影响的严重程度，采取防范措施消除不利影响或将其降低至可接受的水平；

（五）制定有关政策和程序，确保遵循职业道德基本原则；

（六）制定有关政策和程序，识别会计师事务所或项目组成员与客户之间的利益或关系；

（七）制定有关政策和程序，监控对某一客户收费的依赖程度；

（八）向鉴证客户提供非鉴证服务时，指派鉴证业务项目组以外的其他合伙人和项目组，并确保鉴证业务项目组和非鉴证业务项目组分别向各自的业务主管报告工作；

（九）制定有关政策和程序，防止项目组以外的人员对业务结果施加不当影响；

（十）及时向所有合伙人和专业人员传达会计师事务所的政策和程序及其变化情况，并就这些政策和程序进行适当的培训；

（十一）指定高级管理人员负责监督质量控制系统是否有效运行；

（十二）向合伙人和专业人员提供鉴证客户及其关联实体的名单，并要求合伙人和专业人员与之保持独立；

（十三）制定有关政策和程序，鼓励员工就遵循职业道德基本原则方面的问题与领导层沟通；

（十四）建立惩戒机制，保障相关政策和程序得到遵守。

第十七条 具体业务层面的防范措施主要包括：

（一）对已执行的非鉴证业务，由未参与该业务的注册会计师进行复核，或在必要时提供建议；

（二）对已执行的鉴证业务，由鉴证业务项目组以外的注册会计师进行复核，或在必要时提供建议；

（三）向客户审计委员会、监管机构或注册会计师协会咨询；

（四）与客户治理层讨论有关的职业道德问题；

（五）向客户治理层说明提供服务的性质和收费的范围；

（六）由其他会计师事务所执行或重新执行部分业务；

（七）轮换鉴证业务项目组合伙人和高级员工。

第十八条 下列防范措施也有助于识别或制止违反职业道德基本原则的行为：

（一）监管机构、注册会计师协会或会计师事务所建立有效的公开投诉系统，使会计师事务所合伙人和员工以及公众能够注意到违反职业道德基本原则的行为；

（二）法律法规、职业规范或会计师事务所政策明确规定，注册会计师有义务报告违反职业道德基本原则的行为。

第十九条 注册会计师可以根据业务的性质考虑依赖客户采取的防范措施，但是仅依赖客户的防范措施，不可能将不利影响降低至可接受的水平。

第二十条 客户通过制定政策和程序采取的防范措施主要包括：

（一）要求由管理层以外的人员批准聘请会计师事务所；

（二）聘任具备足够经验和资历的员工，确保其能够作出恰当的管理决策；

（三）执行相关政策和程序，确保在委托非鉴证业务时作出客观选择；

（四）建立完善的公司治理结构，与会计师事务所进行必要的沟通，并对其服务进行适当的监督。

第四章 道德冲突问题的解决

第二十一条 在遵循职业道德基本原则时，注册会计师应当解决遇到的道德冲突问题。

第二十二条 在解决道德冲突问题时，注册会计师应当考虑下列因素：

（一）与道德冲突问题有关的事实；

（二）涉及的道德问题；

（三）道德冲突问题涉及的职业道德基本原则；

（四）会计师事务所制定的解决道德冲突问题的程序；

（五）可供选择的措施。

在考虑上述因素并权衡可供选择措施的后果后，注册会计师应当确定适当的措施。如果道德冲突问题仍无法解决，注册会计师应当考虑向会计师事务所内部的适当人员咨询。

第二十三条 如果与所在会计师事务所或外部单位存在道德冲突，注册会计师应当确定是否与会计师事务所领导层或外部单位治理层讨论。

第二十四条 注册会计师应当考虑记录涉及的道德冲突问题、解决问题的过程，以及作出的相关决策。

第二十五条 如果某项重大道德冲突问题未能解决，注册会计师可以考虑向注册会计师协会或法律顾问咨询。

第二十六条 如果所有可能采取的措施都无法解决道德冲突问题，注册会计师不得再与产生道德冲突问题的事项发生牵连。在这种情况下，注册会计师应当确定是否退出项目组或不再承担相关任务，或者向会计师事务所提出辞职。

第五章 附 则

第二十七条 本守则自 2010 年 7 月 1 日起施行。

附录二　中国注册会计师职业道德守则（选录）

中国注册会计师职业道德守则术语表

注册会计师：是指取得注册会计师证书并在会计师事务所执业的人员，有时也指其所在的会计师事务所。

可接受水平：注册会计师可以容忍的对遵循职业道德基本原则所产生不利影响的最大程度。一个理性且掌握充分信息的第三方，在权衡注册会计师当时所能获得的所有具体事实和情况后，很可能认为该不利影响并不损害遵循职业道德基本原则。

关联实体：是指与客户存在下列任一关系的实体：

（一）能够对客户施加直接或间接控制的实体，并且客户对该实体重要；

（二）在客户内拥有直接经济利益的实体，并且该实体对客户具有重大影响，在客户内的利益对该实体重要；

（三）受到客户直接或间接控制的实体；

（四）客户（或受到客户直接或间接控制的实体）拥有其直接经济利益的实体，并且客户能够对该实体施加重大影响，在实体内的经济利益对客户（或受到客户直接或间接控制的实体）重要；

（五）与客户处于同一控制下的实体（即"姐妹实体"），并且该姐妹实体和客户对其控制方均重要。

经济利益：因持有某一实体的股权、债券和其他证券以及其他债务性的工具而拥有的利益，包括为取得这种利益享有的权利和承担的义务。

直接经济利益：是指下列经济利益：

（一）个人或实体直接拥有并控制的经济利益（包括授权他人管理的经济利益）；

（二）个人或实体通过投资工具拥有的经济利益，并且有能力控制这些投资工具，或影响其投资决策。

间接经济利益：是指个人或实体通过投资工具拥有的经济利益，但没有能力控制这些投资工具，或影响其投资决策。

审计项目组：是指会计师事务所为执行审计业务成立的项目组。

会计师事务所中能够直接影响审计业务结果的其他人员，以及网络事务所中能够直接影响审计业务结果的所有人员，通常也被视为审计项目组成员。

会计师事务所中能够直接影响审计业务结果的其他人员通常包括：

（一）对审计项目合伙人提出薪酬建议，以及进行直接指导、管理或监督的人员；

（二）为执行审计业务提供技术或行业具体问题、交易或事项的咨询的人员；

（三）对审计业务实施项目质量控制的人员，包括项目质量控制复核的人员。

关键审计合伙人：是指项目合伙人、实施项目质量控制复核的负责人，以及审计项目组中负责对财务报表审计所涉及的重大事项作出关键决策或判断的其他审计合伙人。其他审计合伙人还可能包括负责审计重要子公司或分支机构的项目合伙人。

审阅项目组：是指会计师事务所为执行审阅业务成立的项目组。

会计师事务所中能够直接影响审阅业务结果的其他人员，以及网络事务所中能够直接影响审阅业务结果的所有人员，通常也被视为审阅项目组成员。

会计师事务所中能够直接影响审阅业务结果的其他人员通常包括：
（一）对审阅项目合伙人提出薪酬建议，以及进行直接指导、管理或监督的人员；
（二）为执行审阅业务提供技术或行业具体问题、交易或事项的咨询的人员；
（三）对审阅业务实施项目质量控制的人员，包括项目质量控制复核人员。

鉴证业务项目组：是指会计师事务所为执行鉴证业务成立的项目组。

会计师事务所中能够直接影响鉴证业务结果的其他人员通常也视为鉴证业务项目组成员：
（一）对鉴证业务项目合伙人提出薪酬建议，以及进行直接指导、管理或监督的人员；
（二）为执行鉴证业务提供关于技术或行业具体问题、交易或事项的咨询的人员；
（三）对鉴证业务实施项目质量控制的人员，包括项目质量控制复核人员。

外部专家：在会计或审计领域以外拥有特殊技能、知识和经验的个人或组织。外部专家不是会计师事务所或网络事务所的雇员，接受会计师事务所的聘请，协助注册会计师获取充分、适当的证据。

网络：是指由多个实体组成，旨在通过合作实现下列一个或多个目的的联合体：
（一）共享收益或分担成本；
（二）共享所有权、控制权或管理权；
（三）共享统一的质量控制政策和程序；
（四）共享同一经营战略；
（五）使用同一品牌；
（六）共享重要的专业资源。

网络事务所：属于某一网络的会计师事务所或实体。

项目合伙人：是指会计师事务所中负责某项业务及其执行，并代表会计师事务所在报告上签字的合伙人。在有限责任制的会计师事务所，项目合伙人是指主任会计师、副主任会计师或具有同等职位的高级管理人员。

如果项目合伙人以外的其他注册会计师在业务报告上签字，中国注册会计师职业道德守则对项目合伙人作出的规定也适用于该签字注册会计师。

项目质量控制复核：是指项目组在出具审计报告前，由会计师事务所内部专门机构或人员对项目组作出的重大判断和在编制报告时得出的结论进行客观评价的过程。

近亲属：包括主要近亲属的其他近亲属。

主要近亲属：是指配偶、父母或子女。

其他近亲属：是指兄弟姐妹、祖父母、外祖父母、孙子女、外孙子女。

专业服务：注册会计师提供的需要会计或相关技能的服务，包括会计、审计、税务、管理咨询和财务管理等服务。